难忘的对局

# 谢军
# 国际象棋教程

谢军　董倩 著

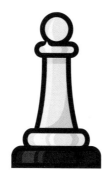

U0125529

人民邮电出版社

北　京

图书在版编目（CIP）数据

谢军国际象棋教程. 难忘的对局 / 谢军，董倩著
. -- 北京 ：人民邮电出版社，2023.11
ISBN 978-7-115-62597-7

Ⅰ. ①谢… Ⅱ. ①谢… ②董… Ⅲ. ①国际象棋－教
材 Ⅳ. ①G891.1

中国国家版本馆CIP数据核字(2023)第177368号

**免责声明**

作者和出版商都已尽可能确保本书技术上的准确性以及合理性，并特别声明，不会承担由于使用本出版物中的材料而遭受的任何损伤所直接或间接产生的与个人或团体相关的一切责任、损失或风险。

## 内 容 提 要

国际象棋是世界上最流行的智力运动之一，融汇了人类历史的文明精华，是行之有效的教育工具。孩子学下国际象棋，不仅可以有效开发智力、启迪思维，还能养成胜不骄、败不馁的坚韧品格。

本书是世界国际象棋联合会副主席、中国首位"世界棋后"谢军编写的"谢军国际象棋教程"系列中的第七本。本书共挑选了 64 盘国际象棋历史上的经典对局，其中详细分析了 50 盘对局，另有 14 盘对局需要读者自行分析研究。通过对本书的学习，读者可以系统掌握国际象棋知识与技术在实战中的运用技巧。与本系列其他 6 本图书不同的是，本书的记录方法采用英文记录方式，目的在于让读者更好地适应不同记录方式的识记，方便今后训练，进一步提高水平。本书适合具有棋协一级棋士水平的国际象棋爱好者阅读。

◆ 著　　　　谢　军　董　倩
　　责任编辑　裴　倩
　　责任印制　马振武

◆ 人民邮电出版社出版发行　　北京市丰台区成寿寺路 11 号
　　邮编　100164　　电子邮件　315@ptpress.com.cn
　　网址　https://www.ptpress.com.cn
　　涿州市京南印刷厂印刷

◆ 开本：700×1000　1/16
　　印张：7.75　　　　　　　　2023 年 11 月第 1 版
　　字数：135 千字　　　　　　2023 年 11 月河北第 1 次印刷

定价：39.80 元

读者服务热线：**(010)81055296**　印装质量热线：**(010)81055316**
反盗版热线：**(010)81055315**
广告经营许可证：京东市监广登字 20170147 号

# 前 言

　　对局评注准确呈现了棋局的过程，客观展示了棋局重要环节所包含的棋艺知识点，自战对局评注真实记录了棋手的所思所想，所有这些都是棋艺爱好者在训练学习和提高国际象棋技战术水平时的宝贵素材。

　　本书以研究他人对局评注、练习自己写对局评注为主要学习任务。结合棋艺爱好者的技术水平和棋风特点，入选本书的对局具有丰富的创造力和鲜明的典型攻杀手段。鉴于国际上的官方对局记录规范，本书的棋子名称以英文字母表示。

　　在64盘棋局中，50盘棋局评注范例既包括有着几百年历史的"老古董"，也有近现代的经典对局；既有爱好者之间的比赛，也有顶级高手的实战佳作。棋局过程跌宕起伏，充斥着妙招和恶手。14盘待评注的棋局需要读者根据问题自行进行分析研究。所有棋局都设定在20回合以内，目的是能够合理控制研学棋谱的时间。书中还预留出空间供读者加入自己的棋局评注，以期将评注范例、评注问答和自主完成三个环节连为一体，相信在大家完成本书的学习任务时，已经将对局评注的技巧和思考方法进行了相对系统的梳理和练习，逐步养成了良好的棋艺训练习惯。

　　摆经典棋局，学高手棋评，思棋局特点，练棋手技能。祝国际象棋爱好者在习棋的道路上都能佳作不断，创作出自己原创的对局评注书。

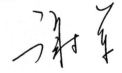

# 棋手名中英文对照

拿破仑 Napoleon

瑞沐萨特女士 Madame de Remusat

贝特朗将军 General Bertrand

霍沃德 Howard

伯恩哈德 Bernhard

爱德华 Edward

斯坦尼茨 Steinitz

戈林 Goering

思卡洛普 Schallopp

约翰内斯 Johannes

韦默斯 Wemmers

哈莫尼斯特 Harmonist

伯恩 Burn

马歇尔 Marshall

卡帕布兰卡 Capablanca

查尔斯 Charles

阿廖欣 Alekhine

奥斯卡 Oscar

偌德金斯基 Rodzinski

尼姆佐维奇 Nimzowitsch

阿拉平 Alapin

阿韦斯 Ahues

冯·霍尔茨豪森 Von Holzhausen

恩里克 Enrique

伊帕塔 Ipata

德克 Dake

博卡 Burca

舒伯特 Schubert

巴托赛克 Bartosek

施皮尔曼 Spielmann

门奇克 Menchik

尤伟 Euwe

亚伯拉罕斯 Abrahams

路德维格 Ludwig

罗德里格斯 Rodriguez

莫里斯 Morris

麦考密克 McCormick

萨拉曼卡 Salamanca

加莱戈 Gallego

佩特拉科夫斯基 Pytlakowski

波格丹 Bogdan

法德若 Fuderer

唐纳 Donner

玛塔诺维奇 Matanovic

亚诺谢维奇 Janosevic

安德烈 Andre

莫里纳 Morena

马克斯卡思 Macskasy

帕瑞克 Patrick

塔尔 Tal

垂格夫 Tringov

扎吉克 Zajic

图拉丹 Tulajdan

比斯格尔 Bisguier

拉森 Larsen

本克 Benko

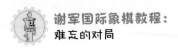
马切亚 Macieja

维若斯托克 Virostko

雅各布 Jakub

马西亚诺 Marciano

普里 Prie

# 棋评符号

! 好棋

? 坏棋

!! 妙手

?? 败招

!? 值得考虑

?! 有疑问的走法

＋－ 白方胜势

－＋ 黑方胜势

＝ 均势和棋

± 白优

∓ 黑优

⩲ 白稍优

⩱ 黑稍优

⇄ 互攻

⟳ 出子优势

⯈⯇ 有补偿

∞ 复杂

↑ 主动

# 将杀

+ 将军

□ 唯一走法

# 国际象棋
# 中英文对照

King（简写K）王

Queen（简写Q）后

Rook（简写R）车

Bishop（简写B）象

Knight（简写N）马

Pawn（无需简写，直接写兵所到位置）
兵

# 目 录

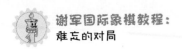

## （1）拿破仑-瑞沐萨特女士

弈于1804年

**1.Nc3 e5 2.Nf3 d6 3.e4 f5 4.h3**（图1）

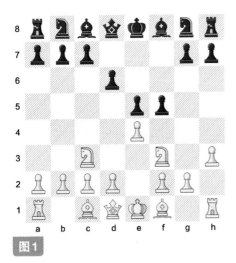

图1

白方另外的变化是：

A：4.e×f5 B×f5 5.d3 c6 6.Bg5 Nf6 7.Nh4 Be6 8.Be2±；

B：4.d4 f×e4 5.N×e4 e×d4 6.N×d4 Nf6 7.Bg5 Be7 8.B×f6 B×f6 9.Bc4±。

**4...f×e4 5.N×e4 Nc6 6.Nfg5?!**

6.Nfg5?!的做法有些冒进，是没有特别实际作用的棋子走动。白方可考虑走6.Be2 Nf6 7.d3，出子稍占优势。

**6...d5 7.Qh5+ g6 8.Qf3**（图2）

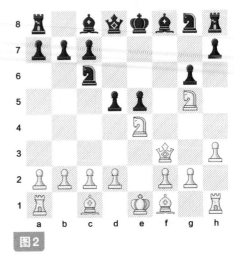

图2

白方的进攻目标非常明确。

**8...Nh6??**

黑方必须精准应对。假如黑方走8...Bf5（图3），白方将不可避免丢子。

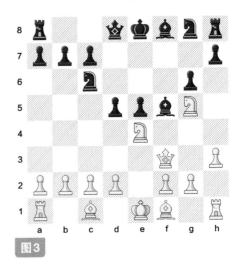

图3

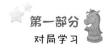

**9.Nf6+ Ke7 10.N×d5++-**（图4）

图4

黑方的王完全暴露，难以防守。白方取得通向胜利的攻势。

**10...Kd6 11.Ne4+ K×d5**（图5）

假如黑方走11...Kd7，白方将通过12.Bb5 a6 13.Ndf6+ Ke7 14.B×c6 b×c6+-获得胜势局面。

图5

黑方的王已经被"请"到半空中。白方需要做的就是精准打击。

**12.Bc4+!!**（图6）

图6

强力将黑方的王逼到一个可以制造将杀威胁的位置。白方12.Qb3+ K×e4 13.Qf3+ Kd4 14.Qd3+ Kc5的走法将让黑方的王回到安全位置。

**12...K×c4**

如果黑方走12...Kd4，白方则走13.Qd3#将杀。

**13.Qb3+ Kd4 14.Qd3#**（图7）

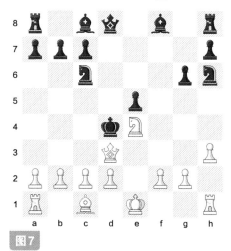

图7

黑方的王无处可逃，白胜。

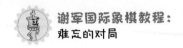

## （2）拿破仑-贝特朗将军

弈于1818年

**1. Nf3 Nc6 2.e4 e5 3.d4 N×d4 4.N×d4 e×d4 5.Bc4 Bc5 6.c3 Qe7?**

白方弃兵，黑方是否应该接受呢？

在6...d×c3 7.0-0 c×b2 8.B×b2↑（图8）的变化中，白方少兵但是拥有强大的进攻机会。

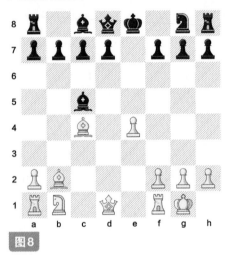

图8

黑方应该考虑从中心反击！6...d5！（图9）。

黑方弃兵的目的在于把白方的棋子吸引到可能遭受攻击的位置上，并借势完成出子。接下来的变化是：7.B×d5 Nf6 8.c×d4 Bb4+ 9.Nc3 N×d5 10.e×d5 B×c3+ 11.b×c3 Q×d5=，局面均衡。

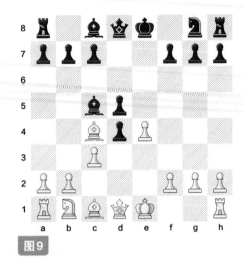

图9

**7.0-0 Qe5**

黑方不能贪吃中心兵，在7...Q×e4?? 8.Re1 Q×e1+ 9.Q×e1+ Be7 10.c×d4+-的变化中，白方取得胜势局面。

**8.f4?**

白方的攻击路线有点偏，现在应该考虑8.c×d4 B×d4 9.Nd2±（图10）。

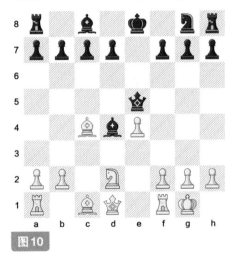

图10

白方已经完成王车易位，出子速度大大领先于黑方。

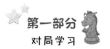

**8...d×c3+**（图11）

图11

黑方借势将军先手。

**9.Kh1 c×b2??**

黑方计算出现重大失误。现在黑方应该考虑走9...Qd4（图12）。

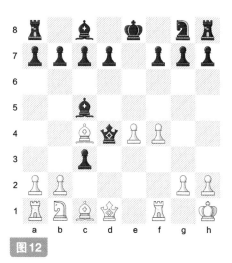

图12

黑方借着兑后的威胁，获得出子速度。接下来的变化可能是：10.Qe2 Nf6 11.N×c3 0–0 12.Rd1 Qf2 ∞，局面复杂。

**10.B×f7+**

白方也可以通过10.f×e5 b×a1Q 11.Qd5+–的走法获得理想的局面。

**10...Kd8 11.f×e5 b×a1Q 12.B×g8 Be7!**（图13）

图13

黑方的王仍然非常不安全，如履薄冰。现在如果黑方采取12...R×g8 13.Qd5 Re8 14.Q×c5 h6 15.Nc3（图14）的下法，白方的攻势依旧强劲。

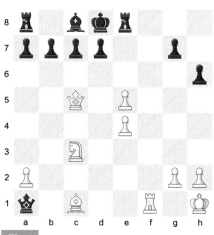

图14

**13.Qb3 a5??**（图15）

黑方的行动速度太慢，没有准确抓住棋局重点。黑方现在应该把后快速回防。例如在13...Q×e5 14.Bb2 Qg5-+（14...Q×e4 15.B×g7 c6 16.B×h8±）的变化中，黑方的局面非常好。

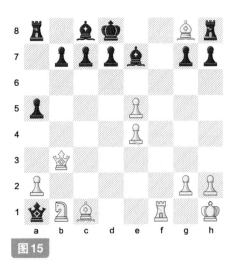

图15

**14.Rf8+!!**（图16）

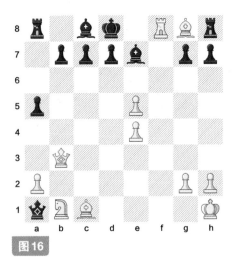

图16

白方攻破黑方阵地防线。

**14...B×f8 15.Bg5+ Be7**（图17）

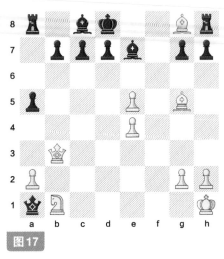

图17

看似黑方能够防守。

**16.B×e7+**

白方在棋盘上所剩的棋子看上去数量不多，但是正好都瞄准了黑王。

**16...K×e7 17.Qf7+ Kd8 18.Qf8#**

白胜。

---

**（3）霍沃德－伯恩哈德**

弈于1846年

**1.e4 e5 2.Nf3 Nc6 3.d4 e×d4 4.Bc4 Bb4+ 5.c3 d×c3 6.b×c3 Ba5 7.0–0**（图18）

古典战法当中，采取弃兵的方式来培养青少年棋手的进攻能力是一个好办法。

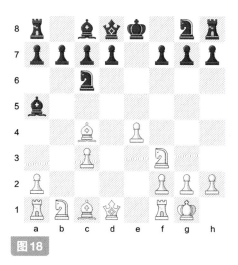

**图18**

**7...d6 8.e5!?**

白方另外一种下法是8.Qb3 Qe7 9.e5。

**8...Be6**

在8...N×e5? 9.N×e5 d×e5 10.B×f7+
Ke7 (10...K×f7 11.Q×d8+−) 11.Qh5的变
化中，白方获得理想的局面。

**9.B × e6 f × e6 10.e × d6 Q × d6 11.Qb3
0–0–0 12.Ng5 Rd7**

黑方应该抓紧时间出子，12...Nh6干
（图19）。

**图19**

经过13.Q×e6+ Rd7 14.Q×d6 R×d6
之后，黑方获得不错的局面。

**13.N × e6?**

白方应该考虑采取13.Nd2 Ne5
14.Nde4（图20）的下法获得良好的
出子。

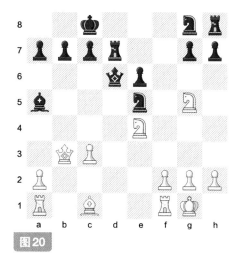

**图20**

**13...Bb6**

黑方也可以考虑走13...Nf6。

**14.Ng5 Nh6 15.Nd2 Ng4**（图21）

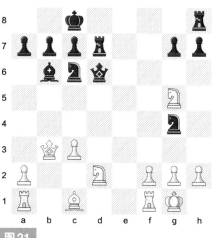

**图21**

黑方开启王翼的行动。

**16.Ndf3!**（图22）

出子次序很有讲究！在16.Ngf3 Nce5 17.N×e5（17.Nd4 N×h2−+）17...Q×e5 18.Nf3 Qe2 19.Nd4 B×d4 20.c×d4 N×h2!−+的变化中，黑方取得胜势局面。

图22

**16...N×f2!**（图23）

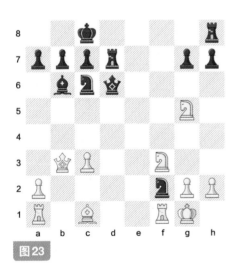

图23

黑方的打击突然而至！

**17.R×f2**（图24）

白方如果采取17.Ba3 Nd3+ 18.Kh1（18.Q×b0 Qa3 19.Qh5 Q×c3 20.Rab1 Qc5+ 21.Q×c5 N×c5−+）18...Qg6 19.Rab1 Re8−+的下法，反而会加速黑方的进攻速度。

图24

**17...Qd1+!**

棋局至此，白方认输。在17...Qd1+! 18.Q×d1 R×d1+ 19.Ne1 R×e1#的变化中，白方将被将杀。

### （4）爱德华-斯坦尼茨

弈于1866年

**1.f4 e5 2.f×e5 d6 3.e×d6 B×d6 4.d4??**

白方的行动太着急了，应该走4.Nf3。

**4...Nf6?**

黑方没有抓住机会。应该走

4...Qh4+ 5.Kd2 (在5.g3 B×g3+ 6.h×g3 Q×h1干 的变化中，黑方获得优势) 5...Q×d4+ 6.Ke1 Qh4+ 7.Kd2 Bf4+ 8.e3 Qf2+-+，黑方取得胖势局面。

**5.Bg5 Nc6**

黑方有一个比较隐蔽的进攻方式：5...B×h2 6.R×h2 Qd6（图25）。

**图25**

黑后威胁消灭h2白车，同时后到g3威胁将军并抽吃白方g5象。7.Rh3 B×h3 8.B×f6 (在8.N×h3? Qg3+ 9.Kd2 Ne4+ 10.Kc1 N×g5干变化中，黑优) 8...Qg3+ 9.Kd2 B×g2 10.Be5 Qg5+ 11.e3 Nc6 ∞，棋局形成复杂的局面。

**6.Nf3 Bg4 7.e3 Qd7 8.Bb5 0–0–0**

在8...Ne4 9.Bh4 g5 10.d5 0–0–0 ∞ 的变化中，局面复杂。

**9.B × f6**

白方应该考虑走9.0–0! h6 10.B×f6 g×f6±，白方获得优势。

**9...g × f6 10.d5?**

白方的中心兵挺进太着急了，应该通过10.Qd3 a6 11.B×c6 Q×c6 12.Nbd2± 的走法取得优势。

**10...Qe7**（图26）

**图26**

黑方在中心线路上形成攻击态势。

**11.B × c6**

白方应该考虑走11.Qe2!? Nb4 12. c4±，白方稍优。

**11...Q × e3+**（图27）

**图27**

黑方成功从中心杀入。

**12.Qe2**

在12.Kf1 B×f3 13.g×f3 Bc5 14.Qe2 Qc1+ 15.Qe1 Q×b2−+的变化中，黑方取得胜势。

**12...Qc1+ 13.Qd1**（图28）

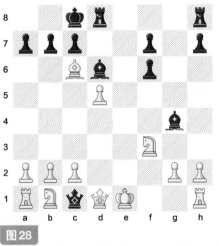

**图28**

白方的防守很勉强，白王暴露在中心线路中。

**13...Rde8+!**（图29）

**图29**

黑方弃车也要抢占线路攻击白王！

**14.B×e8**

白方即使采取14.Kf2 Qe3+ 15.Kf1 B×f3 10.D×c8 R×e8−+的走法，也无法挽救局面。

**14...R×e8+ 15.Kf2 Qe3+ 16.Kf1**（图30）

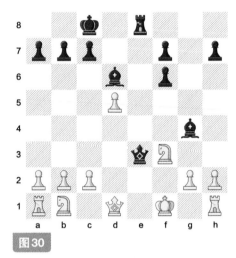

**图30**

看起来黑方没有继续将军的威胁，但是黑方的攻势依旧强劲。

**16...B×f3!**（图31）

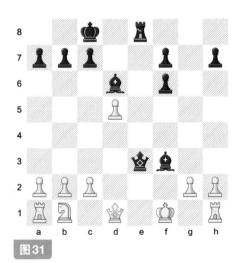

**图31**

精确的走棋次序，在16...Bc5？17.Qd2!±的变化中，白方防守成功。

**17.g×f3**

白方已经无法找到安全的防守办法，在17.Nc3 B×d1 18.R×d1 Qf4+ 19.Kg1 Bc5+ 20.Rd4 B×d4#的变化中，黑胜；同样，17.Q×f3 Qe1#之后，黑胜。

**17...Bc5**（图32）

图32

黑方棋子在a7-g1斜线上的威胁无法被消除。

**18.Kg2**（图33）

在18.Qd2 Q×f3+ 19.Qf2 Q×f2#变化中，黑方成功将杀白王。

暴露在开放线路中的王很危险。

**18...Rg8+**

白方无法进行有效防守。在18...Rg8+ 19.Kf1 (19.Kh3 Qh6#) 19...Qf2#的变化中，黑方成功将杀白王；在18...Qf2+ 19.Kh3 Re5 20.f4 Re3+ 21.Kg4 Qg2+ 22.Kf5 Qg6#的变化中，黑方同样取得胜利。

黑胜。

图33

### （5）爱德华-斯坦尼茨

弈于1866年

**1.e4 e5 2.Nf3 Nc6 3.Bb5 Nf6 4.d4 e×d4**

黑方可以考虑4...N×e4 5.0–0 (5.d×e5 d5) 5...Nd6 6.B×c6 d×c6 7.d×e5 Nf5 ∞的走法，棋局形势复杂。

**5.e5 Ne4 6.N×d4 Be7**

在6...N×e5 7.Qe2 Qh4 8.Nf3 N×f3+ 9.g×f3; 6...Bc5! 7.c3 (7.B×c6 d×c6 8.Be3 Qe7) 7...0–0 8.Qd3 d5 ∞ 的变化中，棋局形成复杂局面。

**7.0–0 N×d4 8.Q×d4 Nc5 9.f4 b6**

黑方不能通过9...c6 10.Bc4 d5 11.e×d6 Q×d6 12.Q×g7±的走法获得理想局面，白优。

**10.f5**（图34）

**图34**

白方中心兵开始发挥作用，黑方阵营承受巨大压力。

白方采取10.b4 c6 11.Be2 Ne6=的下法只能获得均势的局面。

**10...Nb3 11.Qe4**

白方的走棋次序必须精确，在11.a×b3? Bc5 12.Q×c5 b×c5-+的变化中，黑方获得胜势局面。

**11...N×a1**（图35）

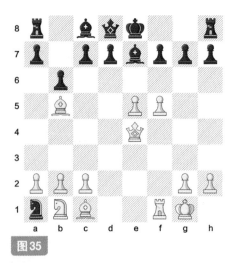

**图35**

黑方获得子力优势，白方必须增强进攻，否则无法弥补子力的损失。

**12.f6!**

及时的行动！在12.Q×a8 c6 13.Bd3 Qc7的变化中，黑方可以保护阵营的安全。

**12...Bc5+ 13.Kh1 Rb8**

在13...0-0 14.f×g7 d5 15.e×d6 (15.g×f8Q+?! B×f8 16.Qd3 Be6+-) 15...K×g7 16.b4+-的变化中，白方取得胜势局面。

**14.e6**（图36）

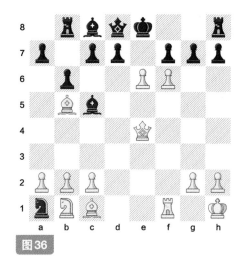

**图36**

白方力求中心最大程度的开放。此时，白方可以通过14.f×g7! Rg8 15.Q×h7 R×g7 16.Q×g7+-的走法获得胜势局面。

**14...Rg8**

在14...0-0 15.e7 Qe8+-变化中，白方获取胜势局面。

**15.Q×h7**

白方可以通过15.e×d7+ Kf8 16.Qe8+ Q×e8 17.d×e8Q#的走法取得胜势局面。

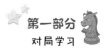

**15...Rf8 16.e × f7+ R × f7**（图37）

图37

尽管黑方在棋子数量上多了一个车，但是黑王被"晒"在中心开放线路上，很危险。

**17.Re1+**

白方采取 17.Qg8+ Rf8 18.Re1+ Qe7 19.R×e7+ B×e7 20.f7+ Kd8（图38）的下法，也能通过精彩的弃子获得胜利。

图38

**21.Q×f8+!**（图39）。

图39

弃后！摧毁黑方的最后一道防线。

此后的变化是 21...B×f8 22.Bg5+ Be7 23.f8Q#，白方成功将杀黑王。

**17...Be7**

在 17...Qe7 18.Qg8+ Rf8 19.R×e7+ B×e7 20.f7++–变化中，白方获得胜势局面。

**18.Qg8+ Rf8 19.f7#**

白胜。

### （6）戈林–思卡洛普

弈于1877年

**1.e4 e5 2.Nf3 d6 3.d4 f5?**

黑方比较合理的下法是：3...e×d4 4.N×d4 Nf6。

**4.d × e5**

白方也可以采取 4.e×f5 e4 5.Ng5 B×f5 6.Nc3 d5 7.f3 ↑ 的下法，获得积极

主动的局面。

**4...f×e4 5.Ng5 d5 6.e6**（图40）

图40

白方开始在中心突进。

**6...Bc5 7.N×e4**（图41）

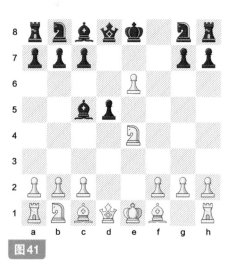

图41

白方并不急于通过击双获得子力优势，那样会令黑方获得积极战斗的机会：7.Nf7 Qf6 8.Be3 B×e6 9.N×h8 B×e3 10.f×e3 Ne7 11.Qd4 Q×d4 12.e×d4

Nbc6 13.c3 0-0-0± ，白方稍优，黑方拥有不错的战斗机会。

**7...Be7 8.Qh5+?**

白方的进攻目标不够精确，应该走8.Qg4 g6 9.Ng5。

**8...g6 9.Qe5 Nf6**（图42）

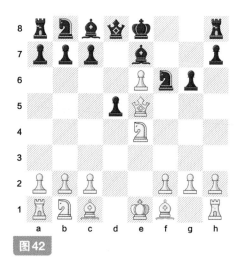

图42

黑方出子的同时起到保护黑王的作用。

**10.Ng5**

白方在10.N×f6+ B×f6 11.Qg3 0-0 12.h4 Bd4∓的变化中，不能获得理想的局面。

**10...0-0 11.Nc3 Bd6**

黑方可以考虑通过11...Nc6 12.Qf4 Nh5 13.Qg4 Ne5↑的下法获得积极局面。

**12.Qe2 Qe7 13.Bd2 Re8**

在13...Nc6 14.0-0-0 Nd4 15.Qe1±的变化中，白方获得稍优局面。

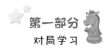

**14.0–0–0 B×e6?**

此时，黑方不该贪吃，而是应该采取14...Nc6的走法出子。

**15.Re1 Bg4?**

黑方陷入被动，现在如果走15...Bf5!? 16.Qf3 Q×e1+ 17.B×e1 R×e1+ 18.Kd2 Re5+，白优；如果黑方走15...Bf7 16.Qb5 Qd8 17.Bd3 Nbd7 18.Q×b7±，白方同样获得优势局面。

**16.Qb5?**

进攻机会有时不容易被发现。现在白方应该走16.N×d5!（图43）。

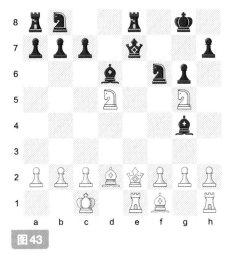

**图43**

漂亮的战术！黑方接下来走16...B×e2 17.N×e7+ R×e7 18.B×e2+−，只能令白方获得胜势局面。

**16...Q×e1+**（图44）

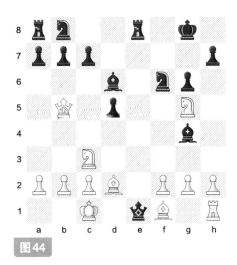

**图44**

黑方抓住机会反击。

**17.B×e1**（图45）

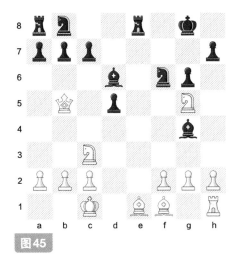

**图45**

在这个局面中，看似白王的处境并不那么危险，但是……

**17...Bf4+!**

精确的走棋次序。在17...R×e1+? 18.Kd2 Bd7 19.Q×b7+−的变化中，白方获得胜势局面。

**18.Bd2**（图46）

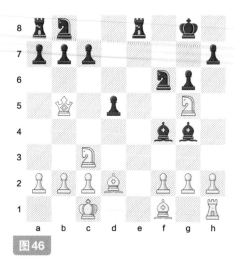

图46

白王通向"自由"的道路被封锁。

**18...Re1+! 19.Nd1 R × d1#**

黑胜。

（7）约翰内斯－韦默斯

弈于1878年

**1.e4 e5 2.Nf3 Nc6 3.Nc3 Nf6 4.Bb5 Bc5 5.0–0 0–0 6.N × e5**

稳健的下法是：6.d3 d6。

**6...N × e5 7.d4 Bd6 8.f4**（图47）

图47

白方开始在中心行动。

**8...Nc6 9.e5 Be7 10.d5**（图48）

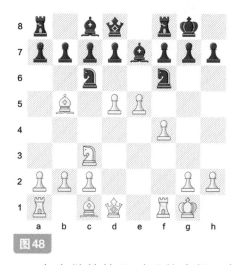

图48

白方继续挤压对手的空间！在 10.e×f6 B×f6 11.d5 Nb4 12.Re1± 的变化中，白方获得稍优局面。

**10...N × d5 11.N × d5**

11.Q×d5 Nb4 12.Qe4 Bc5+ 13.Kh1 d5 ∞的下法将带来复杂的局面。

**11...f5?**

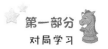

黑方应该考虑11...Bc5+ 12.Be3 B×e3+ 13.N×e3± 的下法，白方稍优。

**12.Be3 ±**（图49）

**图49**

白方在中心建立起空间优势。

**12...d6 13.Bc4 Kh8 14.Rf3!**

很有想法的一步棋！白方把车调整到攻击状态。

**14...d × e5 15.Rh3 Qd6?**

黑方应该考虑采用15...g6的下法进行防守。

**16.f × e5**（图50）

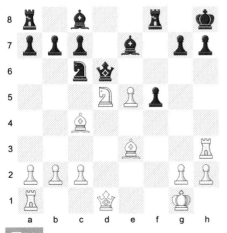

**图50**

打开线路，白方的子力瞄准黑王。

**16...Qg6**

黑方的防守压力巨大。 在16...N×e5?? 17.R×h7+!! K×h7 18.Qh5+ Qh6 19.B×h6+−变化中，白方获得胜势局面;在16...Q×e5?? 17.R×h7+!! K×h7 18.Qh5+ Kg8 19.N×e7#变化中，白方成功将杀黑王。

**17.Nf4 Qe8 18.Qf3**（图51）

**图51**

白方的子力位置绝佳！只差最后的突破。

**18...N × e5??**（图52）

黑方应该通过18...h6 19.Qg3 Kh7的走法进行防守，尽管白方依旧占据优势，但是至少黑王不会遭受毁灭性打击。

图52

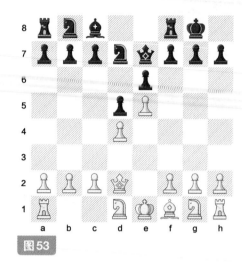

图53

**19.R×h7+!**

毁灭性的打击！

黑方无法进行有效地防守，在19.R×h7+! K×h7 20.Qh3+ Bh4 21.Q×h4+ Qh5 22.Q×h5#的强制性走法中，白方将杀黑王。

白胜。

**（8）哈莫尼斯特－伯恩**

弈于1887年

**1.e4 e6 2.d4 d5 3.Nc3 Nf6 4.Bg5 Be7 5.e5 Nfd7 6.B×e7 Q×e7 7.Qd2**

白方的另外一种走法是：7.f4 0–0 8.Qg4 c5 9.Nf3 Nc6 10.0–0–0 ∞，棋局形成复杂局面。

**7...0–0 8.Nd1?**（图53）

白方的这步棋采取的不是一种高效率的子力调动方式。

**8...f5?**

黑方应该破坏白方的中心，8...f6（图54）。

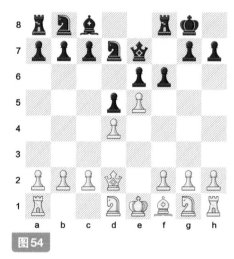

图54

或者，黑方可以采取8...c5 9.c3 f6的走棋次序破坏白方中心。

**9.e×f6?**

白方不应该把中心打开，9.Nf3的出

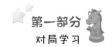

子走法更为合理。

### 9...Q × f6

黑方应该采取正常出子的方式吃回f6兵，例如9...N×f6 10.Bd3 c5 11.c3 Nc6 12.Ne2 e5，黑方在中心实施有力反击。

### 10.Bd3?

白方应该把子力调动与中心控制结合在一起。选择10.Nf3!?（10.Ne3）10...c5 11.c3 c×d4 12.c×d4 Nc6 13.Nf3=，均势局面。

### 10...e5!（图55）

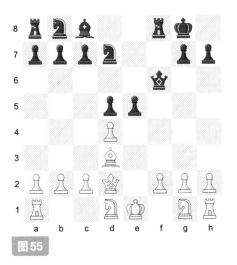

图55

黑方成功在中心制造反击。如果黑方选择10...c5 11.Nf3的走法，白方能够顺利控制e5。

### 11.d × e5?

白方还是应该向中心调动子力，11.Ne3 e4 12.Bb5 c6 13.Bf1 Nb6 14.f3 Be6干，黑方获得稍好的战斗机会。

### 11...N × e5 12.Ne2 c5

黑方有一个令人意想不到的战术机会：12...Bh3!（图56）。

图56

接下来，经过13.0–0 B×g2 14.K×g2 Qf3+ 15.Kg1 Qg4+ 16.Kh1 Nf3 17.Qa5 Qh3–+的变化，黑方形成压倒性的优势。

### 13.c3?

白方没有意识到问题，现在应该走13.Bb5!? Be6 14.f4 Qh4+ 15.Nf2 Ng4干，黑方稍好。

### 13...Bh3

假如错过战术打击机会，黑方采取13...N×d3+?! 14.Q×d3 Be6 15.0–0干的走法将获得稍好的局面。

### 14.Kf1（图57）

白方的防守任务十分艰巨。在14.0–0 B×g2! 15.K×g2（15.B×h7+ Kh8 16.f4 B×f1 17.f×e5 Qf3–+）15...Qf3+ 16.Kg1 Qg4+ 17.Kh1 Nf3 18.B×h7+

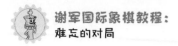

Kh8 19.Qe3 Qh3–+的变化中，白方难以安全防护。

图57

## 14...B×g2+！

黑方抓住机会，向白方阵地发起致命进攻。黑方可以走14...N×d3 15.Q×d3 Be6 16.f4干，黑方稍优；黑方还可以通过14...Qf3 15.B×h7+ K×h7 16.Qg5 Qg4 17.Q×g4 B×g4–+的下法获得胜势局面。

## 15.K×g2 Qf3+ 16.Kg1

在16.Kf1 Qh3+ 17.Ke1 Nf3#的变化中，黑方将杀白王。

## 16...Qg4+ 17.Kf1（图58）

白方即便采取17.Ng3 Nf3+ 18.Kg2 N×d2–+的下法，也难以逃脱。

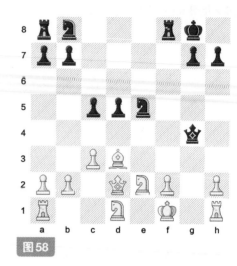

图58

## 17...Qh3+！

决定性的进攻手段！接下来的变化无论是18.Kg1 Nf3#，还是代替17...Qh3+走17...Nf3 18.Qe3 Qh3#，黑方均能成功将杀白王。

黑胜。

## （9）马歇尔–伯恩

弈于1900年

## 1.d4 d5 2.c4 e6 3.Nc3 Nf6 4.Bg5 Be7 5.e3 0–0 6.Nf3 b6

黑方也可以采取6...h6 7.Bh4 Nc6的下法。

## 7.Bd3 Bb7 8.c×d5 e×d5

另外一种下法是8...N×d5 9.B×e7 Q×e7 10.Rc1，白稍优。

**9.B × f6 B × f6 10.h4**（图59）

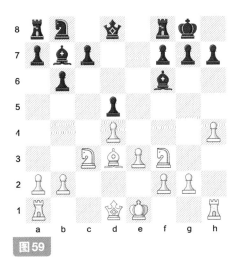

图59

比较少见的下法，白方率先吹起攻王的号角。在 10.0–0 c5 11.Qc2 g6 12.d×c5 b×c5 13.Be2 ∞ 变化中，棋局形势复杂。

**10...g6?!**

黑方还可以采取 10...Nc6 或 10...c5 的下法。

**11.h5 Re8**

在 11...c5 12.h×g6 h×g6 13.Ne5 B×e5 14.d×e5 Qg5 15.Qf3 Q×e5 16.0–0–0 ∞ 的变化中，棋局将形成弃子有补偿的局面。

**12.h × g6 h × g6 13.Qc2 Bg7**

黑方可以考虑走 13...Re7。

**14.B × g6**（图60）

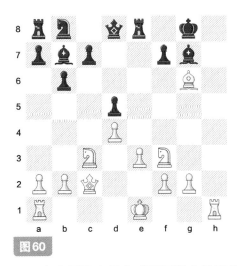

图60

白方采取弃子方式打开黑方的王前阵地。

**14...f × g6 15.Q × g6 Nd7**

黑方的另外一种走法是 15...Kf8（图61）。

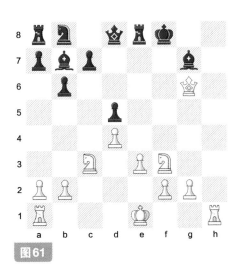

图61

接下来白方将通过 16.Ng5! Qd7 17.Nh7+ Ke7 18.Q×g7+ Kd8 19.Qg5+

Qe7 20.Nf6+–的走法获取胜势局面。

**16.Ng5**（图62）

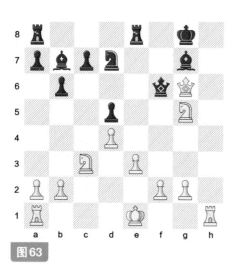

**图62**

黑方的王前阵地难以防守。

**16...Qf6**（图63）

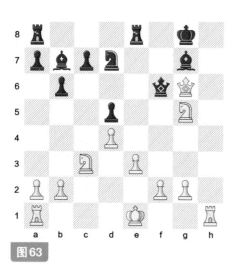

**图63**

看起来黑方的防守产生了一些效果，但是已经来不及了……

**17.Rh8+!!**

致命的一击！接下来的变化是17...
K×h8 18.Qh7#，白方将杀黑王。

白胜。

**（10）卡帕布兰卡－查尔斯**

弈于1910年

**1.d4 d5 2.Nf3 Nf6 3.e3 c6 4.c4 e6
5.Nc3 Nbd7 6.Bd3 Bd6 7.0–0 0–0
8.e4**

白方的另外几种下法是8.Qc2;
8.b3; 8.Bd2。

**8...d×e4**

黑方还有一种处理方式是8...d×c4
9.B×c4 e5（图64）。

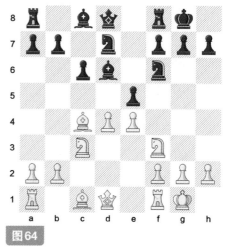

**图64**

典型的中心反击走法。接下来的变化 是 10.Be3 b5 (10...Ng4 11.Bg5 Qc7)
11.Bd3 Ng4 12.Bg5 f6 13.Be3 ∞，棋局形成复杂局面。

**9.N×e4 N×e4 10.B×e4 Nf6 11.Bc2 h6
12.b3 b6 13.Bb2 Bb7 14.Qd3↑**（图65）

**图65**

白方的两个象瞄准黑方的王前阵地。

**14...g6**

在 14...Re8 15.Rad1 g6 16.Qc3 Be7 17.Ne5 Bf8 18.Qf3± 的变化中，白方获得优势。

**15.Rae1 Nh5 16.Bc1 Kg7**（图66）

**图66**

**17.R × e6!**

厉害的弃子突破！

**17...Nf6 18.Ne5**（图67）

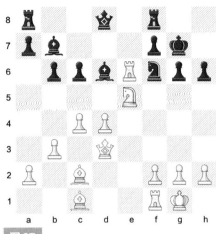

**图67**

白方瞄准中心阵地，不断增加进攻力量。白方也可以考虑18.Ree1!?± 的下法，获得稳健的优势。

**18...c5**（图68）

假如黑方采取18...g5 19.R×f6 K×f6 20.Qf5+ Ke7 21.N×c6+ Ke8 22.Re1++- 的下法，白方胜利在望。

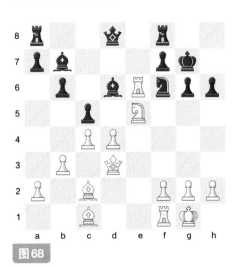

**图68**

**19.B × h6+!**

漂亮的战术打击！

**19... K × h6**（图69）

黑 方 通 过 19...Kg8 20.d×c5 B×e5 21.R×e5 Ng4 22.Q×d8 Rf×d8+-的走法也不能扭转败局。

**图69**

**20.N × f7+!**

一举击破黑方王城。接下来的变化是20... Rxf7 21.Qxg6#，白方成功将杀黑王。

白胜。

**（11）阿廖欣－奥斯卡**

弈于1911年

**1.e4 e5 2.Bc4 Nf6 3.d3 Bc5 4.Nc3 d6 5.f4? Nc6?**

黑方没有抓住机会，应该走5...Ng4（图70）。

**图70**

白方难以阻止黑方对f2的进攻。例如 在6.f×e5 B×g1 7.R×g1 Qh4+ 8.Kd2 Qf2+ 9.Ne2 N×e5 10.Bb3 Nbc6↑的变化中，黑方获得主动权。

**6.Nf3 Bg4?!**

黑方再次错过进攻机会。在6...Ng4! 7.Qe2 e×f4 8.B×f4 0-0 9.h3 Nge5 ∞变化中，棋局将形成复杂的局面。

**7.Na4 e × f4**

黑方最厉害的c5象受到攻击。现在，黑方应该考虑7...0-0 8.N×c5 d×c5 9.0-0 Qd6的稳健下法。

**8.N × c5 d × c5 9.B × f4 Nh5**

9...0-0 10.0-0 Nd4 11.Qd2 B×f3 12.g×f3 b5 13.Bb3±，白方稍优。

**10.Be3 Ne5?**

黑方应该尽快出子，采取10...Qe7 11.Qd2 B×f3 12.g×f3 0-0-0 13.0-0-0 的下法（图71）。

图71

双方的王都顺利完成王车易位。

**11.N×e5!!**（图72）

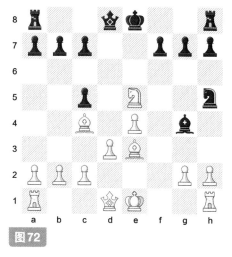

图72

战术打击突然降临。在11.B×c5 B×f3 12.g×f3 Qh4+ 13.Bf2 Qh3∓的变化中，黑方获得优势。

**11...B×d1**（图73）

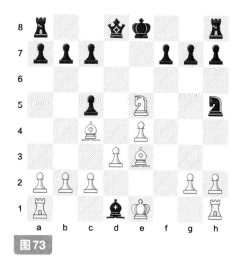

图73

白方能将杀黑王吗？

**12.B×f7+! Ke7**（图74）

12...Kf8 13.B×c5++–，黑王处境堪忧。

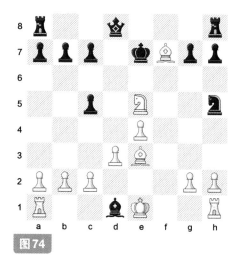

图74

**13.B×c5+! Kf6**

在13...Qd6 14.B×d6+ c×d6 15.R×d1+–变化中，白方获得胜势局面。

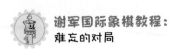

**14.0–0+**（图75）

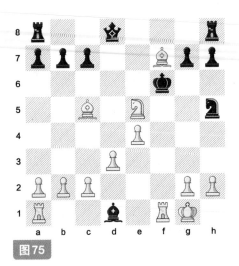

图75

白方出子的同时攻击黑王。

在14.R×d1?! Nf4（14...K×e5??
15.0–0 Qg5 16.h4+–）15.0–0 g5=的变
化中，黑方顺利渡过难关。

**14...K×e5**

黑方的王难以逃脱，另外一种走法
是14...Kg5（图76）。

图76

接下来的变化是15.Be3+! Kh4 16.Rf5

Qd4 17.R×h5+ B×h5 18.g3+ Kh3
19.Be6+ Bg4 20.B×g4#，白胜。

**15.Rf5#!**（图77）

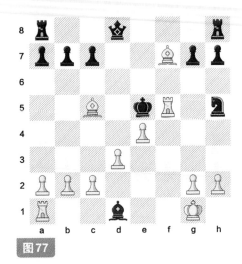

图77

黑方的王被将杀。

白胜。

**（12）偌德金斯基－阿廖欣**

弈于1913年

**1.e4 e5 2.Nf3 d6 3.Bc4 Nc6 4.c3 Bg4?**
**5.Qb3**（图78）

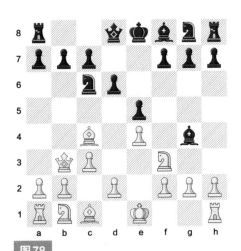

图78

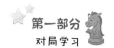

既然黑方的白格象已经离开，白方就应该去攻击b7兵。

白方另外一种下法是5.h3 Bh5 6.d3，并准备接下来走7.Nbd2。

**5...Qd7 6.Ng5**

白方另外一种下法不能取得致命的进攻效果：6.B×f7+? Q×f7 7.Q×b7 Kd7！（图79）。

图79

在8.Q×a8 B×f3 9.g×f3 Q×f3 10.Rg1 Q×e4+或6.Q×b7 Rb8 7.Qa6 Nge7（7...Rb6 8.Qa4 f5 9.d3）8.d3 d5的变化中，黑方如愿获得理想的反击机会。

**6...Nh6！**

在6...Bh5 7.B×f7+ B×f7 8.N×f7 Na5 9.Qd5 Q×f7 10.Q×a5±的变化中，白方获得优势。

**7.B×f7+?**

白方应该通过7.Q×b7 Rb8 8.Qa6 Rb6 9.Qa4 Be7 10.d3±的下法获得优势。

**7...N×f7 8.N×f7 Q×f7 9.Q×b7 Kd7！**

**10.Q×a8 Qc4！**（图80）

图80

黑方抓住白方阵营当中的弱点，发起攻王行动。

**11.f3 B×f3！**

精确的走棋次序！

**12.g×f3 Nd4！**（图81）

图81

虽然黑方的棋子所剩无几，但是其

攻势依旧犀利。

**13.d3??**

白方在关键时刻犯下错误。现在白方应该采取13.c×d4 Q×c1+ 14.Ke2 Q×h1 15.d×e5 Q×h2+ 16.Kd3 d×e5 17.Nc3的下法进行顽强的防守。

**13...Q × d3! 14.c × d4**（图82）

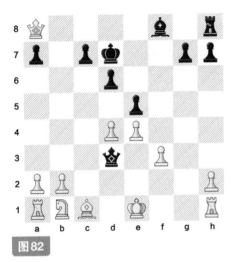

**图82**

黑方的进攻还能继续加强吗？

**14...Be7!**

白方的王被威胁叫杀，同时a8后被叫吃。多重威胁难以兼顾。

**15.Q × h8 Bh4#**

黑胜。

## （13）尼姆佐维奇－阿拉平

弈于1914年

**1.e4 e6 2.d4 d5 3.Nc3 Nf6 4.e × d5 N × d5 5.Nf3 c5**

黑方另外的下法是5...Bb4 6.Bd2 c5

7.a3 N×c3 8.b×c3 Ba5 9.Bd3，白方稍优。

**6.N × d5**

白方另一种下法是6.Bb5+ Nc6 (6...Bd7)。

**6...Q × d5 7.Be3 c × d4 8.N × d4 a6**

黑方可以考虑8...Nc6 9.N×c6 b×c6 10.Qd4 Q×d4 11.B×d4 f6的下法。

**9.Be2**（图83）

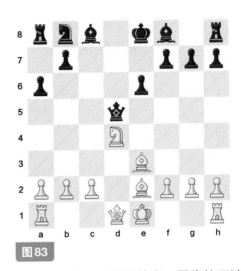

**图83**

白方弃兵，挑起战事。平稳的下法是9.Nf3!?，形成大致均势的局面。

**9...Q × g2**

黑方没有抵挡住吃兵的诱惑。现在，黑方更强的走法是9...e5（图84），简化局面。

**图84**

接下来的变化可能是10.Nf3 Q×d1+ 11.R×d1 Nc6 12.Bc4 Be7=，双方机会均等。

**10.Bf3 Qg6**

10...Qh3 11.Qe2 Be7 12.0-0-0♾的下法将会使棋局变得复杂。

**11.Qd2**

11.Qe2值得考虑。

**11...e5 12.0-0-0!**（图85）

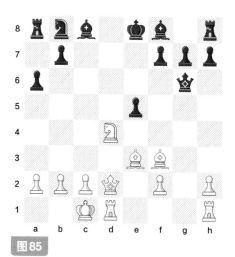

**图85**

黑方的王在中心，将成为进攻的靶子。白方首先需要考虑的是把自己的王走到安全的位置，然后攻击黑王。

**12...e×d4??**

黑方没有意识到危险，在12...Be7 13.Rhg1 Qd6 14.Qc3 Qc5的变化中，黑方可以进行顽强的防守；在12...Nd7 13.Bd5 e×d4 14.B×d4 Be7 15.Rhe1↑的变化中，白方把黑方的王留在了中心，黑方防守任务艰巨。

**13.B×d4 Nc6**

13...Qd6 14.Rhe1+ Be7 15.Qe3 Qe6 16.Qf4+-的变化将会对白方极为有利。

**14.Bf6！**（图86）

**图86**

白方有多种方式将棋局推向胜利，例如14.B×c6+ b×c6 15.B×g7 Be6 16.B×h8 Bh6 17.f4+-或14.B×g7 Be6 15.B×c6+ b×c6 16.B×h8+-。

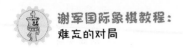

**14...Q × f6**

黑方的防守难以奏效，例如 14...Nd4 15.Q×d4! Bd6 (15...Q×f6?? 16.Rhe1+ Be7 17.Qd8#) 16.Q×d6 Q×f6 17.Rhe1+ Be6 18.Bc6+ b×c6 19.Q×c6+ Kf8 20.Q×a8+ Ke7 21.Qb7+ Kf8 22.Qb8+ Ke7 23.Qc7+ Ke8 24.Qc8+ Ke7 25.Rd7#。

**15.Rhe1+**

白方也可以采取15.B×c6+ b×c6 16.Rhe1+ Be7 17.Qd8#的下法取胜。

**15...Be7**（图87）

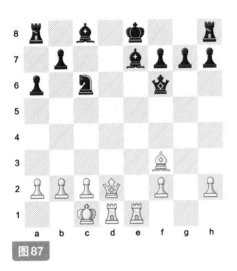

图87

**16.B × c6+!**

去除黑方的有效防守子力。

**16...Kf8**（图88）

黑方的其他走法也不能奏效：

16...Bd7 17.Q×d7+ Kf8 18.Qd8+ R×d8 19.R×d8+ B×d8 20.Re8#；

16...b×c6 17.Qd8#

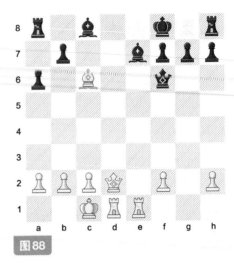

图88

**17.Qd8+!**

白方直接制造闷将杀王。

**17...B × d8 18.Re8#**

白胜。

## （14）阿韦斯－冯·霍尔茨豪森

弈于1926年

**1.d4 d5 2.c4 d × c4 3.e3 e5 4.B × c4 e × d4 5.e × d4**

白方另外一种下法是5.Nf3（图89）。

弃兵的下法！对此，黑方比较稳妥的应对方式是5...Bb4+ 6.Bd2 B×d2+ 7.Q×d2 Nc6 8.0-0 Nge7 9.e×d4±，白稍优。

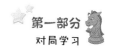

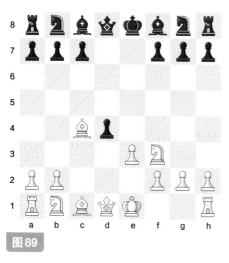

图89

**5...Nc6 6.Nf3 Bg4**

黑方可以考虑的走法还有6...Bb4+
7.Nc3 Qe7+ 8.Be3 Nf6 9.0–0 0–0
10.Bg5 B×c3 11.b×c3 Bg4，以 及6...
Qe7+ 7.Be3 Bg4 8.0–0 0–0–0，均能使
局面变得复杂。

**7.0–0**（图90）

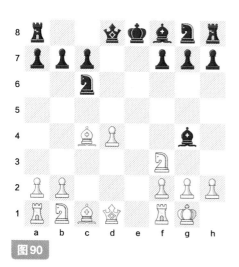

图90

黑方的王在棋盘中央的开放线上，

需要引起高度重视。

**7...Qf6 8.Bg5 Qg6**

在8...Qf5 9.Re1+ Be7 10.Nbd2=的
变化中，双方大体均势。

**9.d5**（图91）

图91

白方在中心上形成实质性的进攻。

**9...B × f3**

9...Nce7 10.Qa4+ Bd7 11.Qb3+–，
白方取得胜势。

**10.Q × f3 Nce7??**

黑方没有意识到危险。现在黑方应
该采取10...Nd4 11.Bb5+! (11.Qe3+ Be7
12.B×e7 Nf5±) 11...c6 12.Qe3+ Be7
13.Q×d4 B×g5 14.d×c6的下法，给白方
制造更多的麻烦。

**11.d6**（图92）

既然黑方的王在中心，白方的首要
任务就是打开线路。

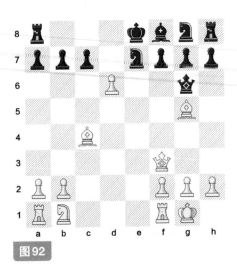

图92

**11...Nc6**

11...0−0−0 12.d×e7 N×e7 13.Be3+−，白方取得胜势局面。

**12.Re1+ Kd7 13.B × f7**

直接进攻！在13.Qh3+ f5 (13...K×d6?? 14.Rd1+ Nd4 15.R×d4+ Kc5 16.Rd5+ Kb6 17.Qb3+ Bb4 18.Q×b4+ Kc6 19.Qc5#) 14.Be6+ Q×e6 15.R×e6 K×e6 16.Qb3+ Kd7 17.Qf7+ Be7 18.Q×f5+的变化中，白方也能制造极具威胁的攻势。

**13...Q × g5 14.Qh3+ K × d6 15.Nc3**（图93）

图93

白方把所有的子力都投入到战斗中。

**15...Nf6 16.Re6+ Kc5**（图94）

图94

黑王的处境岌岌可危，白方下面要完成的任务就是通过精准攻击制造将杀。

**17.R×f6!**（图95）

图95

白方这步棋为跃马到e4扫清了障碍。

**17...Kb6**（图96）

在17...g×f6 18.Ne4+ Kb6 19.N×g5 f×g5 20.Qb3+ Nb4 21.a3+−变化中，白方获得胜势局面。

图96

**18.Rf5!**

非常冷静的走法。白方也可以通过18.Na4+ Ka6 19.Bc4+ b5 20.R×c6+ Kb7 21.Qd7+−的走法取得胜利。

**18...Qh6**

18...Q×f5 19.Na4+! Ka6 20.Q×f5+−，白方取得胜势。

**19.Na4**＋

在19...Ka6 20.Qd3+ b5 21.Q×b5#的变化中，黑方无法避免被将杀的结局。白胜。

### （15）恩里克－伊帕塔

弈于1931年

**1.d4 Nf6 2.c4 e6 3.Nc3 b6 4.e4 d6**

4...Bb4 5.e5 Ne4 6.Qc2 f5 7.Bd3 N×c3 8.b×c3 Be7 9.Ne2±，白方稍优。

**5.g3 Bb7 6.Bg2 Nbd7 7.Nge2 Be7**

7...e5 8.0–0 Be7 9.Qc2±，白方稍优。

**8.0–0 h6±**

8...e5 9.d5的走法值得注意。

**9.Qc2 c5 10.d5 g5?**

不成熟的挺兵！现在黑方应该走10...e×d5 11.e×d5 0–0±，白稍优；或者走10...e5 11.Bd2±，白稍优。

**11.d×e6 f×e6**（图97）

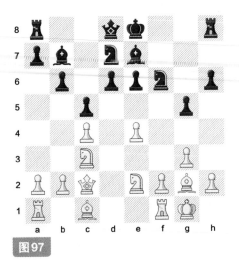

图97

黑方的王在中心，白方有行动机会吗？

**12.e5！**

干净利落地打开中心！

**12...B×g2 13.e×f6 Bh3**（图98）

在13...B×f6 14.K×g2 Qe7的变化中，黑方的王在中心很危险。

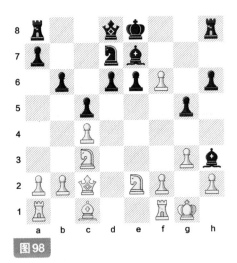

图98

**14.Qg6+！**

精确的走棋次序非常必要。

**14...Kf8 15.Qg7+**

15...Ke8 16.f7#，黑方无法避免被将杀的结局。

白胜。

## （16）德克－博卡

弈于1935年

**1.e4 e6 2.d4 d5 3.Nc3 Nf6 4.Bg5 d×e4 5.N×e4 Be7 6.B×f6 B×f6 7.Nf3 Nd7 8.c3**

8.Bd3 Be7 9.Qe2是另一种走法。

**8...0-0 9.Qc2 Be7**

9...b6 10.0-0-0 Bb7 11.Bd3 Qe7 12.h4±，白方稍优。

**10.0-0-0 c6？**

黑方应该考虑走10...a5或者10...f5（图99），攻击白方中心棋子。

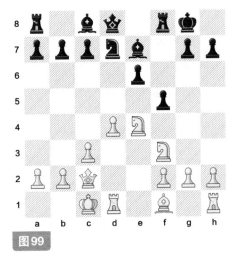

图99

白马摆脱攻击的同时，黑方顺利完成出子，11.Ng3 Nf6，棋局形势复杂。

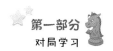

**11.h4!**（图100）

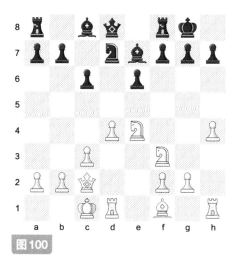

图100

白方开启攻王的行动。

**11...Nf6 12.N×f6+ B×f6 13.Bd3 g6**

黑方的王前阵地不牢靠，例如在 13...h6!? 14.g4的变化中，王前阵地存在被打开的危险。

**14.h5 Kg7 15.Rh2**（图101）

图101

白方要在h线叠车的意图很明显。

**15...Rg8**

黑方15...Rh8!?的走法显得很被动，不过也许是目前最有效的。

**16.Qd2**

16.h×g6!? h×g6 17.Rdh1 c5，黑方从中心试图反击。

**16...Kh8?**

黑方还是应该走16...Rh8，守住h线。

**17.Qh6 Bg7**（图102）

17...Rg7 18.h×g6 Kg8 19.g×h7+ Kh8 20.Be4+-，白方获得胜势局面。

图102

**18.Q×h7+!!**

干脆利落的处理方式。

**18...K×h7 19.h×g6#**

白方成功将杀黑王，取得胜利。

### （17）舒伯特－巴托赛克

弈于1936年

**1.e4 e6 2.d4 d5 3.Nc3 d×e4 4.N×e4**

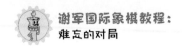

Nd7 5.Nf3 Be7 6.Bd3 Ngf6 7.Qe2
0–0 8.h4

白方的另外一种走法是8.Bd2 b6
9.0–0–0 Bb7 10.g4!?（图103）。

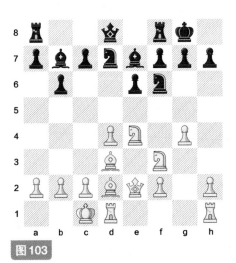

图103

在王翼上制造进攻机会，由于是异
向易位，因此白方不用担心黑方会通过
消灭g4兵打开己方的王前阵地。如果白
方不抓紧时间进攻，采取平稳的走法，
将会面对8.Bg5 h6 9.N×f6+ N×f6=带来
的均势局面。

**8...Re8 9.Bg5 Nf8**

黑方采取9...h6 10.N×f6+（10.0–0–
0? h×g5 11.h×g5 N×e4 12.Q×e4 B×g5+）
10...N×f6 11.B×f6 B×f6 12.0–0–0± 的下
法，会使棋局形成白方稍优的局面。

**10.0–0–0 a6 11.Kb1 b6 12.B × f6 B × f6
13.Ne5 Bb7**

黑方不可以走13...Q×d4??，因为在
14.N×f6+ g×f6 15.B×h7+ N×h7 16.R×d4
f×e5 17.Rg4+ Kf8 18.Q×e5+–之后，白

方获得胜势局面；黑方13...B×h4?的走法
也不好，白方可以走14.Qh5 Ng6 15.N×g6
f×g6 16.Q×h4 Q×h4 17.R×h4+–，白方
获得胜势局面。

**14.Qh5**（图104）

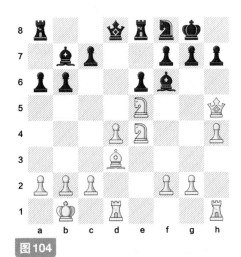

图104

白方试图吸引黑方的王翼兵，为后
面打开局面制造机会。

**14...g6？**

黑方果然上当。黑方现在应该走
14...Qe7!?，不给白方挺兵开线的机会。

**15.Qf3**

白方采取15.N×f6+?! Q×f6 16.Ng4
Qf4± 的走法只会获得稍好的局面。

**15...Kg7 16.h5**

白方通过开线获得王翼进攻机会。
在16.Q×f6+ Q×f6 17.N×f6 K×f6=的变化
中，双方均势。

**16...B × e5 17.d × e5 Nd7??**

黑方的防守出现问题，在17...Qe7
18.h×g6 f×g6 19.Qf6+±的变化中,白方稍优。

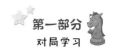

**18.h×g6 h×g6**（图105）

18...N×e5的走法不能解决问题，经过 19.R×h7+ Kg8 20.g×f7+ K×h7 21.Rh1+ Kg7 22.f×e8N+ Kg8 23.Rh8+ K×h8 24.Qf8+ Kh7 25.N4f6#的变化，白方形成将杀。

**图105**

**19.Rh7+!!**

直接击碎黑方王城！

**19...K×h7 20.Q×f7+**

黑方已经无法防守，在接下来20...Kh8 21.Rh1+ Qh4 22.R×h4#的变化中，黑方遭遇将杀。

白胜。

**（18）施皮尔曼－门奇克**

弈于1938年

**1.e4 e6 2.d4 d5 3.Nc3 Nf6 4.e5 Nfd7**
**5.Nce2 c5 6.c3 Nc6 7.f4 Qb6 8.Nf3**
**f6 9.a3 f×e5**

如黑方走9...Be7，白方将应以 10.b4!（图106）。

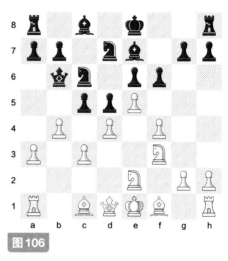

**图106**

逼迫黑方在后翼上确定兵形。在 10.Ng3 0–0 11.Bd3 f×e5 12.f×e5 c×d4 13.c×d4 的变化中，黑方可以应以 13...R×f3!（图107）。

**图107**

黑方在中心找到突破点，经过 14.g×f3 Q×d4 之后，黑方获得理想局面。面对白方10.b4 的走法，黑方可能

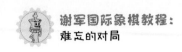

采取10...cxd4 11.Nexd4的走法，白方
获得在中心快速出子的机会。

**10.f×e5**

在10.Nxe5 Ndxe5 11.dxe5 c4干的
变化中，黑方获得理想局面。

**10...c×d4 11.c×d4 Be7 12.Nf4 0–0
13.Bd3**

在13.Nxe6 Ndxe5 14.Nxf8 Nxf3+
15.Qxf3 Nxd4 16.Qxd5+ Kxf8 ∞的变化
中，棋局形成复杂局面。

**13...R×f4?**

黑方应该走13...Rf7!? ∞，局面变得
复杂。

**14.B×f4 Q×b2 15.0–0 ±**（图108）

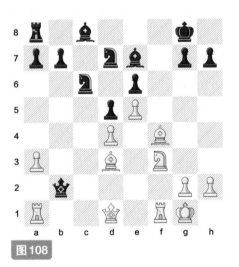

图108

白方的王已经走到安全位置，白方
的子力数量上还占得优势。

**15...Nf8**

15...Nxd4 16.Bxh7+ Kxh7
17.Nxd4±的下法只会令白方满意。

**16.Bg5**

白方也可以采取16.Rf2 Qb6 17.Bg5
的走法。

**16...B×g5 17.N×g5 Q×d4+ 18.Kh1
Bd7**

在18...Qxe5 19.Qh5 g6 20.Rxf8+
（图109）的变化中，黑方不能获得满意
局面。

图109

接下来的走法是20...Kxf8 21.Rf1+
Ke8 22.Qxh7 Qxg5 23.Bxg6+ Qxg6
24.Qxg6++–，白方取得胜势。

**19.Qf3**

白方还可以走19.Qh5!? g6 (19...
Qxd3?? 20.Qf7+ Kh8 21.Qxf8+ Rxf8
22.Rxf8#) 20.Qh6+–（图110）。

图110

白方的攻势难以阻挡。

**19...N×e5**（图111）

19...Q×a1 20.Qf7+ Kh8 21.R×a1
N×e5 22.Qe7 N×d3 23.Rf1 Ng6
24.Q×d7+−，白方取得胜势。

图111

**20.Q×f8+!**

强力突破。

在20...R×f8 21.B×h7+ Kh8 22.R×f8#的

变化中，面对白方的威胁，黑方回天乏术。

白胜。

### （19）尤伟−亚伯拉罕斯

弈于1939年

**1.d4 b5?! 2.e4 Bb7 3.f3**

白方3.B×b5 B×e4 4.Nf3 e6 5.Nc3 ↑
的走法也会给自己赢得出子先机。

**3...a6 4.c4 b×c4 5.B×c4 e6 6.Nc3 d5**

在6...Nf6 7.Nge2 d5 8.e×d5 B×d5
9.N×d5 N×d5 10.0–0 ↑ 变化中，白方出
子占优。

**7.Qb3!**（图112）

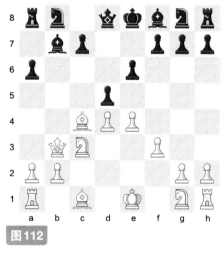

图112

精确的走棋次序！白方抓住了黑方
阵营中的弱点。

**7...Nc6 8.e×d5**

8.Q×b7?? Na5 9.Bb5+ Ke7
10.Q×a8 Q×a8干的走法只会令白方落
入黑方布下的圈套中。

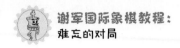

**8...N×d4 9.Q×b7 Rb8 10.Q×a6 Ra8??**

在10...Nc2+ 11.Kf1 N×a1 12.d×e6 f×e6 13.Q×e6+ Ne7 14.Qf7+ Kd7的变化中，白方同样获得理想的局面。

**11.Bb5+ Ke7**（图113）

黑方即使走11...N×b5 12.Qc6+ Ke7 13.Bg5+ Nf6 14.Q×b5也无法阻挡白方进攻的脚步。

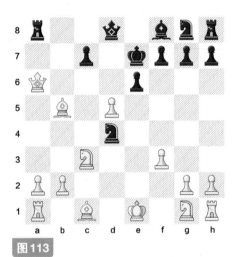

**图113**

**12.d6+!**

好棋！白方打开了黑方王前的防御线。白方还可以通过12.Bg5+ Nf6 13.d6+ Q×d6 14.Q×a8 Qe5+ 15.Nge2+−的走法推进攻势。

**12...c×d6**

黑方以下的走法也不能获得理想的防守效果：12...Q×d6 13.Q×a8+−；12...Kf6 13.d×c7 Qc8 14.Nd5+ Kg6 15.Bd3+ f5 16.Nf4+ Kf7 17.Qc4+−。

**13.Bg5+ Nf6**（图114）

13...f6 14.Qb7+的下法令黑方防线被击溃。

**图114**

**14.Qb7+**

黑方无法继续加强防守。

白胜。

## （20）路德维格－罗德里格斯

弈于1939年

**1.e4 e6 2.d4 d5 3.Nc3 Nf6 4.Bg5 Be7 5.e5 Nfd7 6.h4!? c5**

黑方6...B×g5 7.h×g5 Q×g5 8.Nh3 Qh6 9.g3≅的下法，将会把棋局带入不均衡局面。

**7.Nb5?!**

白方也可以考虑7.B×e7 Q×e7 8.Nb5的下法。

**7...Qb6?**

黑方应该抓住机会从中心反击：7...f6!（图115）。

图115

白方只好打开中心，经过8.e×f6
N×f6 9.Nf3 0–0 10.h5 a6 ∞之后，棋局
形成复杂的局面。

**8.B×e7 K×e7 9.Qd2**

白方应该对黑方阵营当中最薄弱的
环节予以进攻：9.Qg4！（图116）。

图116

黑方的g7兵很难防护。

**9...c×d4 10.0–0–0 Rd8?**

黑方应该采取积极防御的策略。
10...N×e5!? 11.Qg5+ f6 12.Q×g7+ Nf7
13.R×d4 a6干，黑方获得比较理想的
局面；在10...Nc6 11.Nf3 Qa5 12.Qg5+
Kf8 ∞的变化中，棋局形势变得复杂。

**11.Rh3!**（图117）

图117

白方发现了有效的子力调动计划。
在11.N×d4 Nc6 12.Ngf3 Nc5±的变化
中，白方稍优，但行动路线不明显。

**11...Kf8 12.Qg5 Nc6 13.Rg3 g6
14.Qh6+ Kg8 15.h5**

在15.f4!? Qc5 16.Nf3的变化中，双
方大致均势。

**15...Nc×e5**

黑方应该通过15...Nd×e5 16.h×g6
f×g6干的下法获得满意的局面。

**16.f4 Nc4 17.Nf3**

17.h×g6 f×g6 18.B×c4 d×c4
19.R×g6+ h×g6 20.Q×g6+ Kf8 21.Qh6+

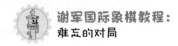

Kf7 22.Qh7+ Ke8 23.Qg6+ Ke7
24.Qg7+ Ke8 25.Qg6+ Kf8 26.Nf3 Q×b5
27.Ng5± 的下法将会把棋局带入到白方
占优的局面。

**17...Ne3?**

黑方应该采取 17...Q×b5 18.B×c4
Q×c4 19.h×g6 f×g6 的下法，会令白方
的攻势受到更大的阻力。

**18.Ng5**

在 18.h×g6 f×g6 19.R×g6+ h×g6
20.Q×g6+ Kf8 21.Ng5+− 的变化中，白
方取得胜势。

**18...Nf8**（图118）

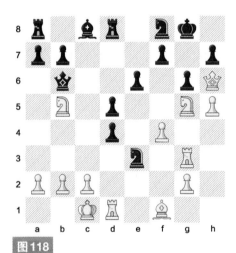

**图118**

**19.N × h7!**

强力突破。

**19...Nf5?**

19...Nd7（图119）的下法给黑方带
来了更顽强的防守机会。

**图119**

白方必须发现 20.R×g6+! 的厉害之
处，接下来的变化是 20...f×g6 21.Q×
g6+ Kh8 22.Ng5 N×d1 23.Nf7#。

黑方 19...N×h7 20.h×g6 Nf8 21.g× f7+
K×f7 22.Rg7+ Ke8 23.Qh5+ Ng6
24.Q×g6+ Kf8 25.Qf7# 的下法也无法带
来成功的防守。

**20.Nf6#**

白胜。

**（21）莫里斯–麦考密克**

弈于1940年

**1.d4 d5 2.c4 d × c4 3.Nf3 Nf6 4.e3 e6
5.B × c4 c5 6.0–0 c × d4 7.e × d4
Be7 8.Nc3 0–0 9.Qe2 b6 10.Bg5
Bb7 11.Rad1 Re8**

11...Nc6 12.Rfe1 Na5 13.Bd3
Rc8±，白方出子略占优势。

**12.Rfe1**

白方另外一种下法是瞄准中心：12.Ne5 Nd5 13.f4（图120）。

**图120**

接下来经过13...Nc6 14.N×d5 e×d5 15.Bb5 Rc8 16.Qg4±的变化，白方稍优。

**12...Nbd7?**

黑方应该采取12...Nd5 13.N×d5 B×d5 14.B×e7 R×e7 15.B×d5 Q×d5 16.Rc1 Re8±的下法，白方稍优。

**13.Ne5**（图121）

**图121**

白方已经牢牢占据中心，形成具有实质性打击的威胁。

**13...a6?**（图122）

**图122**

黑方应该采取13...N×e5 14.d×e5 Nd5 15.B×d5 （15.B×e7 N×c3 16.b×c3 Q×e7=） 15...B×d5 16.B×e7 R×e7 17.N×d5 e×d5 18.Rd4±（图123）的下法。

**图123**

d5兵是黑方的弱点，白方的e兵给攻势带来巨大的能量。

**14.N × f7!**

白方弃子形成突破。

**14...K × f7**

14...Qc7 15.Q×e6，白方攻势依旧。

**15.Q × e6+ Kg6**（图124）

**图124**

黑方的王被"请"到一个不舒服的位置，白方接下来将完成将杀任务。

**16.Qf7+**

白方另外一种稳健的将杀路线是16.Bd2 Rf8 (16...Ne5 17.R×e5 Qd5 18.Bd3+ Qe4 19.N×e4+−) 17.Bd3+ Kh5 18.Qh3#。

**16...K × g5 17.Q × g7+ Kf5**

黑方即使走17...Kh4 18.g3+ Kh3 19.Be6+ Ng4 20.Q×g4#，也难逃被将杀的厄运。

**18.Be6+**

白胜。

---

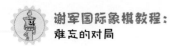

**（22）萨拉曼卡－加莱戈**

弈于1944年

**1.d4 e6 2.c4**

2.e4 d5将棋局转入法兰西防御局面。

**2...f5 3.Nc3 Bb4 4.Bd2 Nf6 5.Nf3 b6**

**6.a3 B × c3 7.B × c3 Bb7**

黑方可考虑7...Ne4的下法。

**8.e3 0–0 9.Bd3 d6**

在9...Ne4 10.Qc2 N×c3 11.Q×c3 B×f3 12.g×f3 Qh4 13.f4 d6 ∞的变化中，棋局形成复杂局面。

**10.d5!**（图125）

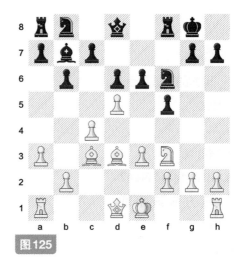

**图125**

白方的中心行动形成有效突破。

**10...e × d5?!**

10...Nbd7 11.d×e6 Nc5 12.B×f5 Nfe4 13.B×e4 N×e4 ∞的变化将会使局面变得复杂。

**11.B × f5 Qe7 12.Ng5 h6**

在12...d×c4 13.Qc2 (13.Qe2 d5
14.Qc2) 13...Nbd7 (13...g6 14.Be6+
Kh8 15.h4 ↑（图126）的变化中，白方
王翼的行动攻势如潮。

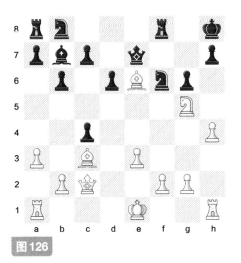

**图126**

黑方的王成为受攻目标。

**13.Be6+**

13.Ne6!? Rf7 14.Nf4 d×c4 15.Be6±，
白方获得稍优局面。

**13...Kh8 14.h4 Ne4?**

黑 方 应 该 采 取14...d×c4 15.B×f6
Q×f6 (15...g×f6 16.Qh5 Qg7 17.Nf7+
R×f7 18.B×f7± (18.Q×f7 Q×f7 19.B×f7
b5±)) 16.Qc2 g6 17.B×c4 ∞ 的方式进
行防守，局面变得复杂。

**15.Qh5!**（图127）

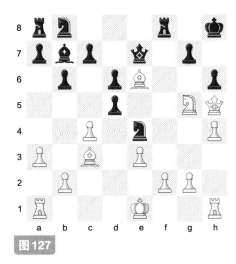

**图127**

更多的子力冲向黑方的王城阵地。

**15...Nd7**（图128）

15...Nf6 16.Qg6 Nbd7 17.B×d7
Q×d7 18.B×f6 g×f6 19.Q×h6+ Kg8
20.Qg6+ Kh8 21.Rh3的变化不能缓解黑
方王城遭受的进攻压力。

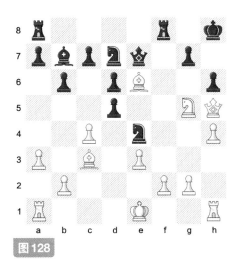

**图128**

**16.Q × h6#!**

白胜

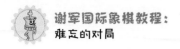

### （23）佩特拉科夫斯基－波格丹

弈于1947年

**1.e4 e5 2.Nf3 Nf6 3.N × e5 d6 4.Nf3 N × e4 5.Qe2**

另外的下法是5.d4 d5，将形成更多子力纠缠在一起的局面。

**5...Qe7 6.d3 Nf6 7.Bg5 Be6**

7...Q×e2+ 8.B×e2 Be7，局势平稳。

**8.Nc3 Nc6 9.d4±**（图129）

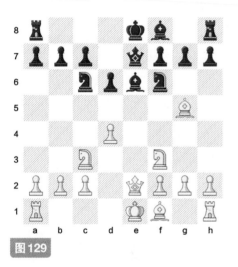

图129

白方在中心获得主动权。

**9...d5 10.0–0–0 0–0–0 11.Ne5**（图130）

白方已经开始入侵行动了！黑方在局面上受到压制。

**11...h6**

黑方通过11...Qe8!?躲开白方g5象的牵制，在接下来12.Qf3 Be7 13.Bb5 Nd7 14.B×e7 Nc×e5 15.d×e5± 的变化中，白方稍优。

**12.N × c6 b × c6 13.Qa6+ Kd7**

13...Kb8 14.B×f6 Q×f6 15.Q×c6 Rd6 16.Qe8+± 的变化为白方带来优势。

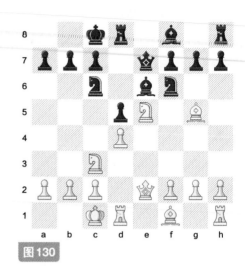

图130

**14.Bf4 Nh5**（图131）

14...Rb8!? 15.Q×a7 Qd8±，白优。

图131

**15.B × c7!**

白方强力突破，捣碎黑方王城的防御掩体。

在15.Be3 Rb8的变化中黑方还可以防守。

## 15...Rc8

黑方不能走15...K×c7??，因为16.Q×a7+ Kd6 17.Nb5+ c×b5 18.Qc5+ Kd7 19.B×b5#白方形成将杀。

## 16.Ba5 Ke8（图132）

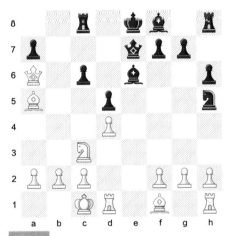

图 132

## 17.N × d5!

白方也可以采取17.Re1 Nf6 18.Nb5+−的走法获得胜势局面，但是显然跃马到d5的突破更加令人赏心悦目。

## 17...B × d5

黑方已经难以找到合适的防守机会。例如在17...Qd7 18.Nc3 Be7+−; 17...c×d5 18.Bb5+ Bd7 19.Q×c8+的变化中，白方均能攻击得手。

## 18.Q × c8+

白胜。

## （24）法德若－唐纳

弈于1952年

## 1.e4 c6 2.Nc3 d5 3.d4 d × e4 4.N × e4 Nf6 5.N × f6+

白方另外一种下法是5.Ng5。

## 5...e × f6 6.Bc4 Bd6 7.Ne2 0−0 8.0−0 Qc7 9.Ng3 Nd7

在9...Re8 10.Re1 Be6 11.B×e6 f×e6 12.Qf3±的变化中，白方稍优。

## 10.Qh5 c5

10...b5 11.Bd3 g6 12.Qh4 Bb7 13.Nf5↑，白方占据主动权；

10...Nb6 11.Bd3 g6 12.Qh6±，白方稍优。

## 11.Bd3 g6 12.Qh6 Re8

黑方不能走12...c×d4??，否则白方可应以13.Nh5（图133）。

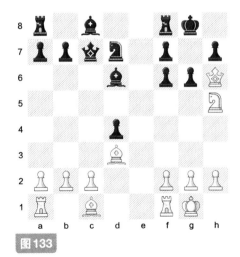

图 133

白马的跃入令黑方王城难以防守，13...B×h2+ 14.Kh1 g×h5 15.Q×h7#，白方形成将杀。

## 13.d × c5

13.Bd2 b6 (13...c4 14.Rfe1) 14.Rfe1

Bb7=的变化将会带来双方大致均势的局面。

**13...N×c5??**（图134）

黑方没有找到最佳的应对方法，应该走13...B×g3 14.f×g3 Q×c5+ 15.Kh1 Ne5干。

图134

**14.Nh5！**

抓住黑方阵地中最薄弱部位，白方势如破竹。

**14...g×h5**（图135）

14...B×h2+ 15.Kh1 g×h5 16.B×h7+ Kh8 17.Bg6+ Kg8 18.Qh7+ Kf8 19.Bh6+ Ke7 20.Q×f7+ Kd6 21.Q×e8 Qb6 22.Rad1+ Kc7 23.K×h2 的走法也无法挽救黑方。

**15.B×h7+！**

典型的后象配合攻击手法，在15.Q×h7+? Kf8 16.Bh6+ Ke7 17.Rae1+ Be6-+的变化中，白方的进攻难以奏效。

**15...Kh8 16.Bg6+**（图136）

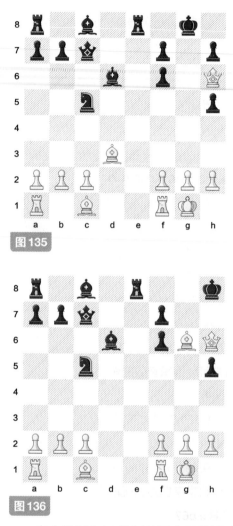

图135

图136

白方的后在h6控制住黑方王的活动空间，利用顿挫将军，白方把子力调整到最佳位置。

**16...Kg8 17.Qh7+**

在17...Kf8 18.Bh6+ Ke7 19.Q×f7+ Kd8 20.Q×e8#的变化中，黑方已经无法改变被将杀的命运。

白胜。

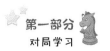

## （25）玛塔诺维奇－亚诺谢维奇

弈于1953年

**1.e4 e5 2.Nf3 Nc6 3.Bb5 f5 4.Nc3 Nf6**

在 4...f×e4 5.N×e4 d5 6.N×e5 d×e4 7.N×c6 b×c6 8.B×c6+ Bd7 9.Qh5+± 的变化中，白方的行动速度极快。

**5.e × f5 Bc5 6.0–0 0–0 7.Re1**

在 7.d3 d6 8.Ne4! Bb6 9.N×f6+ Q×f6 10.g4↑ 的变化中，白方在王翼上开始行动。

**7...d6 8.Na4**

在 8.B×c6 b×c6 9.d4 e×d4 10.N×d4 B×d4 11.Q×d4 B×f5 12.Qc4+ Rf7 13.Q×c6 B×c2 14.Bg5↑ 的变化中，白方可以组织有效的进攻行动。

**8...e4**

8...Bb6!? 的走法值得注意。

**9.N × c5 d × c5**

9...e×f3 10.Ne6 B×e6 11.f×e6± 的变化将带来白方占优的局面。

**10.B × c6?**

白 方 可 以 通 过 10.Bc4+!? Nd5 11.Nh4± 的下法获得优势。

**10...b × c6 11.Nh4 g5!**（图137）

黑方利用挺兵化解了王翼上的压力，同时让白马面临被攻难题。

**12.f × g6 Ng4! 13.g × h7+ Kg7 14.g3 Qd4 15.Qe2??**（图138）

白方忽略了黑方的进攻。在15.h8Q+

K×h8 (15...R×h8 16.Qe2 Rf8 17.Rf1±) 16.Re3! R×f2 17.c3 N×e3 (17...Qf6 18.R×e4±) 18.Qh5+ Kg8 19.Qg5+ Kf7 20.Qg6+ Kf8 21.d×e3 Qf6 22.Q×f6+ R×f6∓ 变化中，白方的局势保持不错。

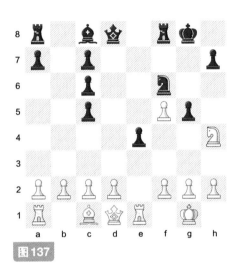

**图137**

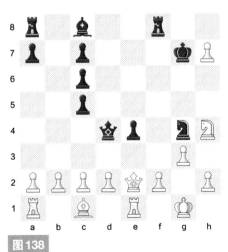

**图138**

**15...R × f2!**

有效的进攻比什么都厉害。

**16.Q × e4**（图139）

16.Kh1 R×e2 17.h8Q+ K×h8

18.R×e2 Nf2+ 19.Kg2 Bh3+-+的走法为
黑方带来胜势局面。

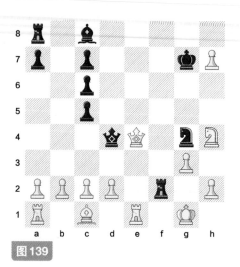

图139

**16...Rf1+!**

面对黑方致命的攻击，白方难以应
对。接下来的变化可能是17.Kg2 (17.
K×f1 Qf2#) 17...Qf2+ 18.Kh3 Q×h2#。
代替16...Rf1+的走法，黑方还可以通
过16...Rg2+! 17.K×g2 (17.Kh1 R×h2#)
17...Qf2+ 18.Kh3 Q×h2#制造将杀。

黑胜。

## （26）安德烈-莫里纳

弈于1954年

**1.d4 Nf6 2.Nc3 d5 3.Bg5 e6 4.e4
d×e4 5.N×e4 Be7 6.B×f6 B×f6
7.Nf3 0-0 8.c3 Be7 9.h4**（图140）

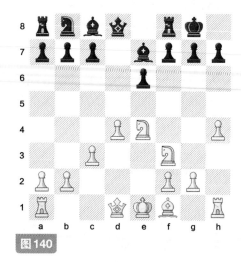

图140

挺兵的走法显露出白方的战斗决心，
在9.Bd3 Nd7 10.h4 (10.0-0 b6 11.Re1
Bb7) 10...c5 11.Qe2 c×d4 12.N×d4
Qa5 ∞的变化中，棋局将形成复杂局面。

**9...b6 10.Bd3 Nd7**

10...Ba6 11.Nfg5 B×d3 12.Q×d3 g6
13.0-0-0⇄之后，棋局形成对攻局面。

**11.Neg5 h6 12.Qc2!**（图141）

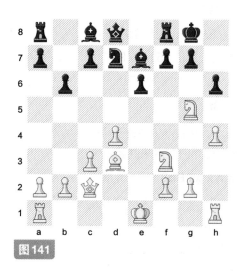

图141

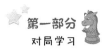

白方将进攻矛头指向黑方的王翼。白方也可以考虑采取12.Bh7+ Kh8 13.Qd3的下法。

**12...Nf6?**

黑方应该考虑12...g6 13.B×g6 (13. Ne4 Bb7) 13...h×g5 14.h×g5的下法，混乱局面将为双方带来战斗机会。

**13.Bh7+ Kh8**（图142）

图142

**14.Ne5!**

白方进一步向黑方阵地施加压力。14.Be4 Bd7 15.Ne5 Be8 16.B×a8 Q×a8 17.Ngf3± 的变化将带来白方占优的局面。

**14...h × g5**

14...Qe8 15.Ng×f7+ R×f7 16.Bg6+- 的变化为白方带来胜势局面。

**15.h × g5 Rb8**

15...Nh5 16.R×h5 g6 17.B×g6+ Kg8 18.Bh7+ Kg7 19.N×f7 Rh8 20.Qg6+ Kf8 21.N×h8 Q×d4 22.Qf7# 的走法不能令黑方避开将杀。

**16.g × f6 g × f6**（图143）

16...g6 17.N×g6+ f×g6 18.Bg8+ K×g8 19.Q×g6#，白方将杀黑王。

图143

**17.Bg8+!**

伴随着17.Bg8+，黑方的王城防御战线被彻底摧毁。接下来的变化是17...K×g8 18.Qh7#。白方也可以采取17.Ng6+ Kg7 (17...f×g6 18.Q×g6) 18.Qd2 f×g6 19.Qh6+ Kh8 20.B×g6+ Kg8 21.Qh8#。

白胜。

## （27）马克斯卡思－帕瑞克

弈于1963年

**1.d4 e6 2.c4 f5 3.g3 Bb4+ 4.Bd2 B × d2+ 5.Q × d2 Nf6 6.Bg2 d6 7.Nc3 0–0 8.Nf3 Nbd7**

8...Ne4 9.Qc2 N×c3 10.Q×c3 Nd7 11.0–0 Nf6 12.Nd2± ，白稍优；8...Qe8 9.0–0 a5 10.Rfe1 Nc6 11.e4± ，白稍优。

**9.Rd1 Qe7 10.0-0 a5 11.Qc2 Nh5?**

黑方应该考虑走11...Nb6（图144）。

**图144**

接下来的棋局发展可能是12.Qd3 e5 13.dxe5 dxe5 14.e4 fxe4 15.Nxe4 Bf5∞，棋局形成复杂局面。

**12.e4**（图145）

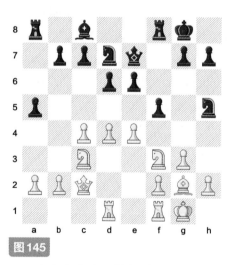

**图145**

白方在中心开始行动，破坏黑方辛苦建立起来的王翼兵防线。

**12...f x e4 13.N x e4 Ndf6 14.Neg5?!**

14.Nc3↑的下法可以为白方带来积极主动的局面。

**14...Bd7**

14...h6!? 15.Ne4 Nxe4 16.Qxe4 Nf6± 的下法为黑方带来不错的防守机会。

**15.Nh4**

15.Rde1瞄准中心的下法同样可取。

**15...Rab8 16.Rfe1**

白方也可以考虑走16.f4。

**16...e5??**

黑方16...g6 17.f4 Ng7 18.c5± 的下法虽然为白方带来优势，但是也令黑方留有战斗机会。

**17.Bd5+ Kh8**（图146）

17...Rf7 18.Bxf7+ Kf8 19.dxe5 Ne4 20.exd6 Qxg5 21.Qxe4 cxd6 22.Bxh5 Qxh5+−，白方获得胜势局面。

**图146**

**18.Q x h7+!**

弃子入局！棋局接下来的变化将是 18...Nxh7 19.Ng6#。

白胜。

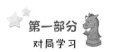

### （28）塔尔-垂格夫

弈于1964年

**1.e4 g6 2.d4 Bg7 3.Nc3 d6 4.Nf3 c6 5.Bg5 Qb6 6.Qd2**

典型的塔尔进攻风格下法。塔尔被誉为世界上最善于进攻的棋手，他在对局中从来都是选择尖锐的战法。

**6...Q × b2 7.Rb1 Qa3 8.Bc4**

8.Bd3的下法值得考虑。

**8...Qa5**

8...Nd7 9.0-0 Nb6 10.Bb3 Nf6 11.e5 Nfd5 ∞的下法使局面变得复杂。

**9.0-0 e6?**

黑方应该采取9...h6 10.Be3 Nd7的下法。

**10.Rfe1**

这一步棋略显保守。更激进的走法是10.Bf4!（图147），直接瞄准黑方阵地上的弱点。

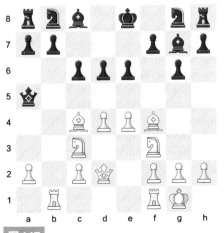

**图147**

在接下来10...Qd8 11.d5的变化中，白方的中心行动奏效。

**10...a6 11.Bf4 e5 12.d × e5 d × e5**

打开d线对黑方不利，因为黑方的王在中心不安全。

**13.Qd6!**（图148）

**图148**

白方牢牢控制住黑方王的活动区域。

**13...Q × c3?**（图149）

13...e×f4 14.Nd5! Nd7 (14...c×d5 15.e×d5+ Be6 16.d×e6 Qxe1+ 17.R×e1 f5 18.e7 Nc6 19.Bf7+ K×f7 20.e8Q+ R×e8 21.Ng5#) 15.Nc7+ Kd8 16.N×a8 Be5 17.N×e5 Q×e5 18.Q×e5 N×e5 19.Red1+ Ke7+-的变化同样为白方带来理想的结果。

图149

## 14.Red1！

进攻，沿着开放线前进！

## 14...Nd7??（图150）

图150

14...Bf6 15.B×e5 Q×c4 16.B×f6 Nd7 17.B×h8+−，白方取得胜势。

14...Qa5 15.R×b7！（图151）

图151

虽然黑方的局面仍然不乐观，但是白方需要找到精确的攻击手段才能取胜。白方在b7弃车的走法，解释了白方在前面一步棋时为什么将e线的车走到d1。

15...B×b7 16.B×f7+ K×f7 17.Ng5+ Ke8 18.Qe6+ Ne7 19.Qf7#。

## 15.B×f7+！

弃子入局，白方势如破竹。

## 15...K×f7

15...Kd8 16.Ng5 Qc4 17.Rd5 Q×d5 18.e×d5 e×f4 19.Ne6#，黑方的王无法逃脱。

## 16.Ng5+ Ke8 17.Qe6+

在17...Kd8（17...Kf8 18.Qf7#；17...Ne7 18.Qf7+ Kd8 19.Ne6#）18.Nf7+ Kc7 19.Qd6#的变化中，黑王将无法逃脱被将杀的命运。

白胜。

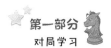

## （29）扎吉克－图拉丹

弈于1964年

**1.e4 c6 2.d4 d5 3.e×d5 c×d5 4.c4 Nf6**
**5.Nc3 Nc6 6.Bg5 e6 7.Nf3 Be7 8.Bd3**
**0-0 9.0-0 d×c4 10.B×c4 Na5**

10...Nd5 11.B×d5 B×g5 12.B×c6
b×c6 13.N×g5 Q×g5 14.Qf3±，白方
稍优；10...Qb6 11.Qe2 h6 12.Be3 Qa5
13.Rfd1 Rd8 14.Rac1±，白方出子略占
优势。

**11.Bd3 b6 12.Re1 Bb7 13.Ne5**

13.Rc1 Rc8，黑方阵营稳定。

**13...Kh8?**

黑方应该考虑走13...Rc8，抢占线路。

**14.Re3!?**

白方计划将更多的子力投入到进攻
中。在14.B×f6 B×f6 15.Qh5 g6 16.B×g6
f×g6 17.N×g6+ Kg8 18.N×f8 Q×f8
19.Rad1↑的变化中，白方获得积极的
局面。

**14...h6**

在14...Q×d4 15.B×f6 B×f6 16.Qh5
g6 17.B×g6 f×g6 18.N×g6+ Kg8 19.Rd1
Qc5 20.Qg4↑的变化中，白方局势主动。

**15.Rh3**

白方的子力布置到位。

**15...Q×d4**（图152）

**图152**

黑方将为消灭白方中心兵的做法付
出惨重的代价。

**16.B×h6!**（图153）

**图153**

白方弃子形成王翼突破。

**16...g×h6**

16...Q×e5?? 17.Bf4++-，白方抽将
成功。

**17.Qd2!**（图154）

图154

白方调动更多的子力参加战斗！

**17...Ng8**

17...Ng4 18.N×g4 Qg7 (18...Q×g4?? 19.Q×h6+ Kg8 20.Qh8#) 19.R×h6+ Kg8 20.Rh7+−，白方取得胜势。

**18.R×h6+ Kg7**

18...N×h6 19.Q×h6+ Kg8 20.Qh7#，白方成功将杀黑王。

**19.Rh7+ Kf6**（图155）

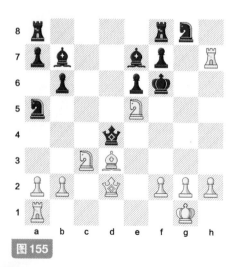

图155

黑王的位置极不安全，白方只需要找到最后的致命一击！

**20.Nd7+!**

简洁明快，接下来的变化将是20...Q×d7 21.Qf4#。

白方也可以采取20.Rh6+ N×h6 (20...Kg7 21.Rh7+ Kf6 22.Nd7+) 21.Q×h6+ K×e5 22.Qg7+ Bf6 23.Qg3+ Qf4 24.Re1++−的下法，白方取得胜势；同样，20.N×f7 R×f7 21.R×f7+ K×f7 22.Bg6+ K×g6 23.Q×d4+−之后，白方也可以取得胜势局面，不过后者的战斗会持续进行。

白胜。

## （30）比斯格尔－拉森

弈于1965年

**1.d4 g6 2.e4 Bg7 3.f4 d6 4.Nf3 Nf6 5.Bd3 0–0 6.0–0 Nbd7 7.e5**

白方另外的走法是：

7.c3 c5 8.Kh1 Qc7 9.Qe2 e5 10.f×e5 d×e5 11.d5，白方在中心空间占有主动权；7.Qe2 c5 8.c3 e5 9.f×e5 d×e5 10.d5，白方稍优。

**7...Ne8 8.Qe1 c5**

在8...d×e5 9.d×e5 c6 10.Be3 ↑ 的变化中，白方的出子速度更快。

**9.f5?**

不成熟的进攻。白方可以考虑通过9.Be3 Nc7的下法稳步推进，或者通过

9.e6 f×e6 10.Q×e6+ Kh8 ∞的下法使局
面变得复杂。

**9...d×e5 10.f×g6 h×g6 11.Qh4**

白方的行动很难形成实际的威
胁。 在11.d×e5!? N×e5 12.N×e5 Qd4+
13.Kh1 Q×e5 14.Q×e5 B×e5 15.Re1
Bf6∓变化中，黑方取得优势。

**11...e×d4**

黑方应该采取11...c×d4! 12.Bh6
Qc7的下法。

**12.Bh6 Nef6?**

黑方应该将子力调动的节奏调整一
下，将d7的马走到f6。例如12...Ndf6
13.Ng5 Qd7∓（图156）。

图156

白方的攻势不足以弥补损失的子力。

**13.Ng5 Ne5?**（图157）

在13...Re8 14.B×g6 Ne5 15.Bh7+
的变化中，白方能保持进攻态势。

**14.R×f6!**

白方通过弃子摧毁黑方的王前阵地。

**14...Bh8**

图157

黑方难以防守，在14...N×d3 15.c×d3
Bf5的变化中，黑方要面对白方16.R×f5
g×f5 17.B×g7 K×g7 18.Qh7+ Kf6
19.Qh6+ Ke5 20.Nc3 d×c3 21.Re1+ Kd5
22.N×f7+−的猛烈进攻，白方取得胜势。

**15.Rf1**

白方也可以走15.Rf4。

**15...Re8 16.Bf8 Bf6**（图158）

图158

**17.R × f6!**

白方再次在f6弃子，再次摧毁黑方的王前阵地。

**17...e × f6**（图159）

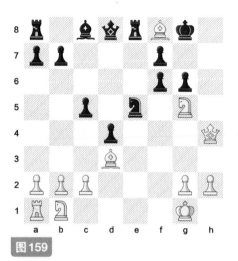

图159

**18.Qh6!**

白方通过在g7威胁将杀，迫使黑方用自己的棋子堵住己方王逃跑的路线。

**18...R × f8**

18...Nf3+ 19.Kf2 Re2+ 20.B×e2 Qxf8 21.Qh7#，白方成功将杀黑王。

**19.Qh7#**

白胜。

---

### （31）本克–霍罗威茨

弈于1968年

**1.c4 c6 2.Nf3 d5 3.b3 Nf6 4.g3 e6 5.Bg2 Be7 6.0–0 0–0 7.Bb2 a5 8.a3**

白方还可以采取8.Nc3 d4 9.Na4 c5 10.e3的下法。

**8...c5**

8...Nbd7 9.Nc3 Nc5 10.d4 Nce4 11.Nd2 N×c3 12.B×c3±，白方稍优。

**9.c × d5 e × d5 10.d4 Na6**

黑方可以采取10...Be6 11.Nc3 Nbd7的出子方式。

**11.Nc3 Bf5 12.Ne5 c × d4**

12...Rc8 13.Rc1 Be6 14.Qd3± 将形成白方稍优的局面。

**13.Q × d4**

白方应该考虑采取13.Nb5!的下法。

**13...Nc5 14.N × d5**（图160）

图160

白方的行动将带来复杂的局面。

**14...N × b3 15.Qf4 N × d5？**

在15...Be6 16.N×e7+ Q×e7 17.Rad1 Rac8=的变化中，双方机会大致均等。

## 16.Q×f5 ±（图161）

图161

白方的威力体现在子力活跃上，特别是双象的线路畅通。

## 16...N×a1 17.N×f7（图162）

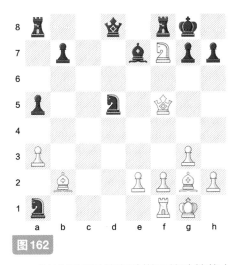

图162

混战局面最能考验棋手的计算能力，凭借双象在畅通线路上的威慑力，白方的棋走得极具侵略性。

## 17...Qc8（图163）

黑方难以找到理想的应对办法。

17...R×f7 18.B×d5 Qf8 19.R×a1+−，白方掠得一兵；17...Nc3 18.B×c3 R×f7 19.Bd5 Bf6 20.B×a1+−，白方主宰局面。

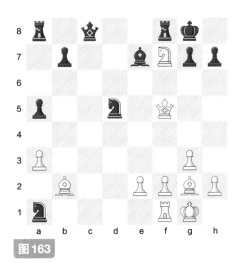

图163

## 18.Nh6+!

白方的战术打击打破了黑方的防守幻想。在18.Q×c8 Ra×c8 19.B×d5 R×f7 20.R×a1 Rc2 ∞的变化中，棋局形成复杂局面。

## 18...Kh8

18...g×h6 19.B×d5+ Rf7 20.Q×f7# 的下法直接令白方将杀成功。

## 19.Q×d5 Nc2（图164）

黑方采取19...Qe8的走法也不能挽回局面，经过20.Nf5 Bf6 21.B×a1 Rd8 22.B×f6!! R×d5 23.B×g7+ Kg8 24.B×d5+ Rf7 25.B×f7+ K×f7 (25...Q×f7 26.Nh6+ K×g7 27.N×f7+−) 26.Nd6++−，白方获得胜势。

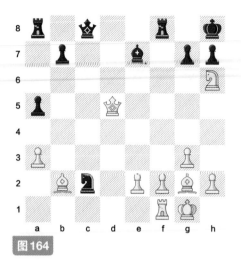

图164

## 20.Qg8+!

典型的将杀方法，黑方的王被逼到棋盘角落，形成闷将杀。

## 20...R × g8 21.Nf7#

白胜。

## （32）詹森－尼尔森

弈于1970年

## 1.e4 g6 2.d4 Bg7 3.Nc3 d6 4.Bg5 c6 5.Qd2 d5?

黑方在中心的行动时机不成熟。现在黑方可以考虑：

5...Nd7 6.f4 Qb6 7.0-0-0 a5 8.Nf3 a4 9.a3 Qa5 10.e5↑，白方中心占优；5...Qa5 6.f4 b5 7.e5 b4 8.Ne4 f6 9.e×f6，白方出子稍快一些；5...h6 6.Be3 Nf6 7.Nf3 Nbd7 8.Bd3 Ng4 9.0-0-0⇄，棋局形成复杂的对攻局面。

## 6.0-0-0

6.e5 h5 7.0-0-0 Nh6 8.Nf3 Nf5 9.Be2± 将形成白方稍优的局面。

## 6...Qa5 7.e × d5

白方也可以通过7.e5 h6 8.Bh4 Na6 9.Nf3 h5 10.Re1 的下法获得稍优的局面。

## 7...c × d5 8.Bb5+ Bd7（图165）

黑方应该考虑采取8...Nc6!? 9.Nf3 h6 10.Bf4 a6 11.B×c6+ b×c6 12.Ne5的下法。

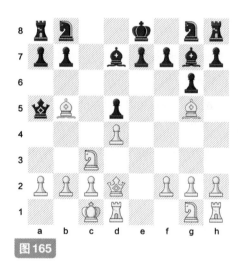

图165

## 9.N × d5!

不容易被发现的战术打击机会！

## 9...Q × a2

黑方即使采取其他走法也难以乐观面对。例如在9...Q×b5 10.Nc7++-，白方胜势；9...Q×d2+ 10.R×d2 B×b5 11.Nc7+ Kd7 12.N×b5± 的变化中，白方优势明显。

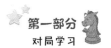

**10.Qc3**（图166）

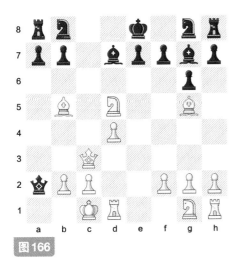

**图166**

白后威胁到c8实施将杀。

**10...Q×d5??**

重压之下容易出现明显的漏算。此时，黑方10...Na6 11.Bc4 Qa1+ 12.Kd2 Qa4 13.B×a6+-的下法也将为白棋带来胜势局面。

**11.Qc8#**

白胜。

---

（33）斯迈坦－阿格丹姆斯

*弈于1972年*

**1.e4 c5 2.Nf3 Nc6 3.d4 c×d4 4.N×d4 Qb6 5.Nb3 Nf6 6.Nc3 e6 7.Bd3 Bb4 8.0–0 B×c3**

黑方另外一种下法是8...0–0 9.Qe2 d6 10.Bg5（图167）。

**图167**

白方的行动目标还是捍卫中心，攻击王翼。

**9.b×c3 0–0 10.c4**

10.Bg5 Ne8 11.Qh5 f6 12.Be3 Qc7 13.f4，白方稍优；10.Be3 Qc7 11.f4 d6 12.Nd4 e5 13.Nb5 Qe7的变化不能为白方带来明显的优势。

**10...d6 11.Be3 Qc7 12.f4 b6**

12...e5（图168），黑方直接在中心形成的反击很有吸引力。

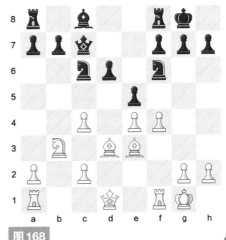

**图168**

棋局接下来的变化可能是13.f5 Bd7 14.Qf3 Rfc8 15.Qg3 Kh8 ∞，棋局形成复杂局面。

### 13.Qf3

白方开始向王翼集结子力。

### 13...Bb7

黑方可以考虑顶住中心，不让白方有过多的机会在棋盘中央行动。13...e5 14.f5 Bb7 15.Qg3 Kh8，双方各有机会。

### 14.Qh3

14.Qg3 Rac8 15.Bd2 Kh8的变化不能为白方带来实质性的推进。

### 14...e5 15.f5 Nd7

黑方展开有意思的子力迂回行动：15...Nb8（图169）。

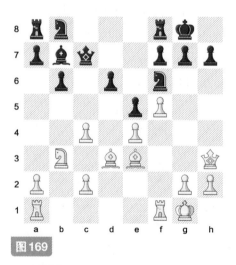

**图169**

经过16.Qh4 Nbd7 17.Rf3 Rfc8 18.Rg3 Kh8的变化，双方攻防能力相当。

### 16.Qh4 f6

16...Rfc8 17.Rf3 Qd8 18.Bg5，白方

的进攻机会良好；16...Na5 17.N×a5 b×a5 18.f6，白方在王翼上展开攻势。

### 17.Rf3 Rfe8 18.c5 !（图170）

**图170**

白方的突破仿佛从天而降！对于类似的进攻手段，棋手一方面需要耐心去学习，另一方面要精确判断棋局形势的发展。

### 18...d×c5?

压力面前，棋手的临场发挥通常会受到影响。18...Kh8 19.c×d6 Q×d6 20.Bc4 Nf8 21.Rg3 Re7，黑方完全可以防守住。

### 19.Bc4+! Kh8??（图171）

在19...Kf8 20.Q×h7 Ke7 21.Q×g7+ Kd8±的变化中，白方获得明显的优势。

**图171**

**20.Q × h7+!**

白方直接弃后入局。黑方认输，白胜。

## （34）柯蒂斯−阿佐拉斯

弈于1973年

**1.e4 e5 2.Nf3 f5 3.d4**

白方另外的下法是3.e×f5; 3.N×e5。

**3...f × e4 4.N × e5 Nf6 5.Bg5 d6 6.Nc4**

**Be7 7.Nc3 0−0 8.Ne3**

在8.B×f6 B×f6 9.N×e4 Re8的变化
中，黑方从中路反击。

**8...Nbd7**

黑方可以考虑8...c6 9.B×f6 g×f6
10.Qd2 d5的下法。

**9.Bc4+ Kh8 10.Bb3 c6 11.0−0 d5**

**12.f3!**（图172）

破坏中心，打通线路。在开局当
中，抢占中心很重要。白方也可以通过
12.Ne2 Bd6 13.c4的下法从后翼行动。

**12...e × f3 13.R × f3 Qc7 14.Qd3 Bd6**

**15.Rh3 Ne4?**

15...Nb6 16.Rh4 h6 17.Rf1 Nh7 ∞
的变化将棋局转入复杂局势。

**图172**

**16.N × e4 d × e4**（图173）

黑方16...Nf6 17.N×d6 B×h3 18.Nb5
c×b5 19.g×h3+−的下法将会使棋局走向
白方胜势的局面。

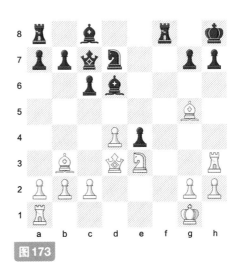

**图173**

**17.R × h7+!!**

弃子进攻的行动必须精准，在17.Q×e4?! Nf6 18.B×f6 B×h3于的变化中，黑方有利。

**17...K×h7 18.Q×e4+**（图174）

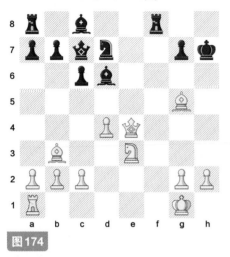

图174

白后开始直接参加到将杀黑王的战斗中。

**18...g6**（图175）

黑方无论是走18...Rf5 19.Q×f5+ g6 20.Qf7+ Kh8 21.Qg8#，还是走18...Kh8 19.Qh4#，都改变不了王被将杀的结果。

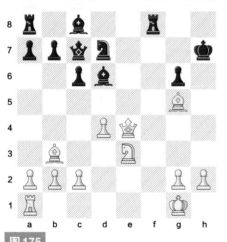

图175

**19.Qh4+ Kg7 20.Qh6#**

白胜。

## （35）瓦格纳－福伊斯特尔

弈于1974年

**1.e4 c6 2.d4 d5 3.Nc3 d×e4 4.N×e4 Nd7 5.Bc4 Ngf6 6.Ng5 e6 7.Qe2 Nb6 8.Bb3 h6**

黑方不能贸然在中心行动，8...Q×d4 9.N1f3 Qc5 10.Ne5±，白方出子速度占优。

**9.N5f3 a5 10.a3**

10.a4 Nbd5 11.Ne5 Bb4+ 12.Kf1 0−0 13.Ngf3 Nd7 14.g3 N×e5 15.N×e5 ∞的变化将棋局转入复杂局势。

**10...a4 11.Ba2 c5**

黑方可以考虑采取11...Be7 12.Bd2 0−0 13.0−0−0⇄的走法，棋局形成对攻局面。

**12.c3**

12.Be3 Nbd5 13.0−0−0 Qc7，黑方阵营稳固。

**12...Be7 13.d×c5 B×c5**

黑方可以考虑采取13...Nbd7 14.Bf4 B×c5 15.Ne5 0−0 16.Ngf3 ∞的下法，棋局形成复杂局面。13...Nbd7之后，白方不能采取14.Nd4?的下法，因为黑方可以及时从中心反击：14...e5!（图176）。

**图 176**

经过 15.Nf5 N×c5 16.N×e7 Q×e平
之后，黑方获得稍优的局面。

**14.Ne5 Nbd7??**（图 177）

黑方忽略了白方采取弃子行动的
可能性。黑方现在应该采取 14...0–0
15.Ngf3 Qc7 16.0–0 Rd8 17.h3= 的下法，
双方均势。

**图 177**

**15.N × f7!**

白方果断从棋盘中路行动，黑王被

牢牢盯住。

**15...K × f7 16.Q × e6+ Kg6**（图 178）

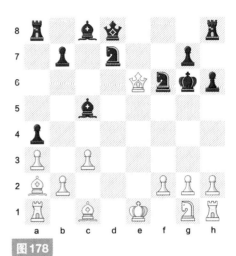

**图 178**

黑王的位置看起来很危险，不过白
方由于子力数量处于下风，必须马上找
到厉害的进攻手段。

**17.Bb1+!**

黑方的王难以找到安全的位置，无
法逃脱被将杀的命运。

例如 17...Kh5 18.Qh3#; 17.Qf7+ Kf5
(17...Kh7 18.Bb1+ Ne4 19.B×e4#) 18.g4+
K×g4 (18...Ke4 19.f3+ (19.Qc4+ Ke5
(19...Bd4 20.Q×d4#) 20.Bf4#) 19...Kd3
20.Bb1#) 19.Be6+ Kh4 20.Nf3#。

白胜。

**（36）斯巴耶维奇－布克奇**

弈于 1976 年

**1.e4 c5 2.Nf3 d6 3.d4 c × d4 4.N × d4**

**Nf6 5.Nc3 a6 6.Bg5 e6 7.f4 Nbd7**

**8.Qf3 Qc7 9.0-0-0 b5**

9...Be7 10.B×f6 B×f6 11.g4 g5 ∞ 之后，棋局形成复杂的局面。

**10.B×b5!?**（图179）

图179

白方选择弃子换兵，从中路施加压力的下法。在10.Kb1 Bb7 11.Bd3 b4 12.Nce2 Be7 13.g4± 的变化中，局势变得复杂。

**10...a×b5 11.e5**

在11.Nd×b5 Qb8 12.Qd3 Bb7 13.B×f6 N×f6 14.Rhe1 Be7 (14...Ra6 15.e5) 15.N×d6+ Q×d6 16.Q×d6 B×d6 17.R×d6 Ke7∓ 的变化中，黑方获得稍优的局面。

**11...Qb8?**

黑方应该采取11...Bb7 12.Nd×b5 Qb8 (12...Qb6 13.Qe2 d×e5 14.f×e5 Nd5 15.N×d5 B×d5 16.R×d5 e×d5 17.Nd6+ ↑) 13.Qe2 d×e5 14.Qc4 Bc5∓ 的下法，确保子力出动顺利，从而获得

稍优的局面。

**12.e×f6 g×f6 13.Rhe1!**（图180）

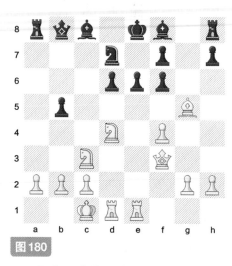

图180

聚焦黑方位于中心的王，白方的出子速度和攻王机会都占尽上风。

**13...h5**

由于黑方的王在中心，黑方很难找到合适的方案消除白方的进攻。例如13...Bb7 14.Qh5 e5 15.f×e5 d×e5 16.B×f6 N×f6 17.R×e5+ Be7 18.R×e7+ K×e7 19.Qc5+ Ke8 20.Nf5 Qf4+ 21.Kb1 Q×f5 22.Q×f5+- 或13...f×g5 14.R×e6+ f×e6 15.Qh5++-，白方成功从中路突破。

**14.Qh3 e5**

14...f×g5 15.R×e6+ f×e6 16.Q×e6+ Kd8 17.Nc6+ Kc7 18.N×b8+- 的变化将带来白方胜势的局面。

**15.Nd5**

白方可以通过15.f×e5!? d×e5 16.Nc6 Qb6 17.Qf3±（图181）的下法获得优势。

**图 181**

接下来黑方走17...Bb7时，白方可应以18.R×d7。

### 15...f × g5?

压力面前，黑方没有找到最顽强的走法。现在应该采取15...R×a2 16.B×f6 Rg8=的下法，双方大致均势。

### 16.Nc6 Qb7（图182）

16...Bh6 17.N×b8 R×b8+−的 变 化将会带来白方胜势的局面。

**图 182**

### 17.R × e5+!!

关键时刻不能手软。白方假如选择17.f×e5?的下法（图183），将会遇到麻烦。

**图 183**

17...Q×c6 18.Nc7+ Kd8 19.N×a8 Q×a8−+，黑方获得胜势局面。

### 17...Be7

17...d×e5 18.Nf6+! N×f6 19.Rd8#，白胜。

### 18.R × e7+ Kf8 19.Qf5 Ne5 20.Qf6! Rh7（图184）

**图 184**

**21.Re8+!**

一招制胜! 接下来的变化是21...K×e8 22.Qd8#。

白胜。

## （37）格林费尔德－索提斯

弈于1979年

**1.e4 g6 2.d4 Bg7 3.Nc3 d6 4.Nf3 a6 5.Be2 b5 6.0–0 Bb7 7.Bg5 Nd7**

黑方可以采取7...h6 8.Bh4 Nd7的下法。

**8.Re1**（图185）

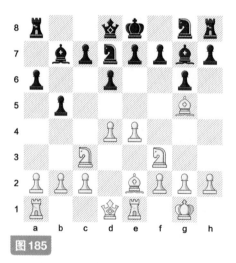

图185

白方瞄准中路，使棋子提前进入阵地。白方还可以考虑8.Qd2的下法。

**8...h6**

8...c5 9.a4 b4 10.Nd5 h6 11.Bh4 g5 12.Bg3 ∞的变化使棋局形成复杂局面。

**9.Bh4 Nb6 10.a3**

10.a4 b4 11.Na2 a5 12.e5（图186）

的变化值得考虑。

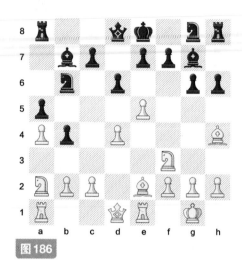

图186

白方在棋盘中路挑起战事。

**10...c5**

10...Nf6 11.e5 Nfd5 12.N×d5 (12. Ne4 Nf4 13.Bf1 0–0) 12...B×d5 13.e×d6 c×d6 14.B×b5+ a×b5 15.R×e7+± 的下法能为白方带来微小的优势。

**11.e5**

11.d5 B×c3 12.b×c3 g5 ∞ 和 11.d×c5 d×c5 12.Qc1 ∞的下法均使棋局形成复杂局面。

**11...c×d4 12.Q×d4 d×e5 13.Qe3 Qc7**

13...Nf6! 14.N×e5 Nbd5 15.Qf3 0–0 16.Bd3 Rc8，黑方的反击效果不错。

**14.Bg3 f6 15.Nh4! ± Kf7 16.Qd3 f5**（图187）

16...h5 17.Q×g6+，白方的进攻威力巨大。

图187

**17.N × g6!**

弃子突破！

**17...Qd7**（图188）

黑方17...f4 18.Qf5+ Nf6 19.N×e5+
Kf8 20.Qe6+-以 及17...K×g6 18.Bh5+!
Kg5 19.Bh4+ K×h4 20.Q×f5的走法，都
无法阻挡白方的进攻。

图188

**18.Bh5!**

厉害的牵制，带来更多的威胁。白方
18.Q×d7 N×d7 19.N×h8+ B×h8 20.Rad1±
的走法将带来白方优势的局面。

**18...Q × d3**（图189）

18...Nf6 19.N×e5+ Kf8 20.N×d7+
Nb×d7 21.Q×f5+-，白方取得胜势。

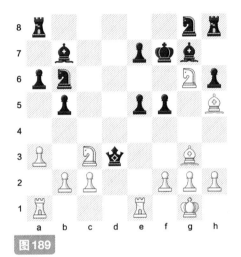

图189

**19.Nf4+!**

白方走19.Nf4+!的目的不是抽吃黑
方的后，而是将杀黑方的王。在19...
Kf8 (19...Kf6 20.Bh4#) 20.Ne6#的 变 化
中，白方成功将杀黑王。

白胜。

**（38）默里－莫滕森**

弈于1982年

**1.c4 Nf6 2.Nc3 g6 3.e4 d6 4.d4 Bg7**

**5.f3 0–0 6.Be3 e5**

6...c5的下法值得注意。

**7.Nge2 c6 8.Qd2 e×d4 9.N×d4 d5?**

（图190）

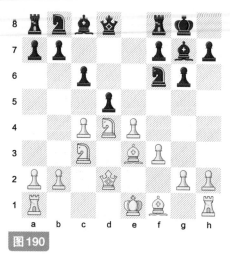

图190

黑方从中心反击的行动时机不太成熟，现在应该考虑9...Nbd7 10.0-0-0 Ne5的下法。

**10.c×d5 c×d5 11.e5 Ne8**

11...Nfd7 12.f4 Nb6 13.Be2 Nc6（13...Nc4!?）的下法值得注意。

**12.f4 f6**

黑方可以考虑走12...Nc7，准备下一步跃马到c6。

**13.Nf3!**（图191）

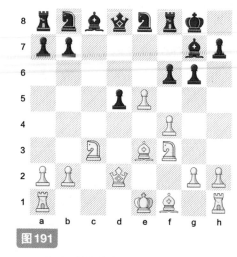

图191

白方防护住中心兵。

**13...Nc7 14.0-0-0 f×e5**

14...Be6 15.Bc4，黑方的d5兵防守起来很麻烦。

**15.Bc4!**（图192）

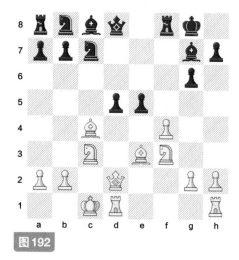

图192

黑方的中心兵遭遇进攻。

**15...Kh8 16.N×d5 N×d5?**

黑方错过了16...Nc6! 17.Bc5（17.

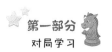

Ng5 h6) 17...N×d5 18.Q×d5 Q×d5 19.B×d5 Rxf4 20.Rhe1 Nb4 的下法。

**17.Q × d5 Qc7 18.N × e5 Bf5 19.Bc5?!**

19.g4 的下法将给白方带来在王翼进攻的机会。

**10...Nd7??**（图193）

黑方的防守出现失误。黑方现在可考虑通过 19...B×e5 20.Q×e5+（20.f×e5 Rc8; 20.B×f8 B×f4+ 21.Rd2 B×d2+ 22.K×d2 Qf4+=）20...Q×e5 21.f×e5 Rc8 22.b4 b6 的下法进行顽强防守。

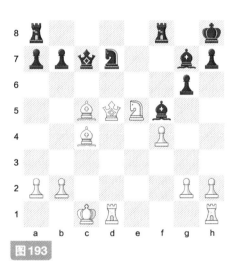

图193

**20.Qg8+!**

白方 20.Qg8+! 的弃后如同晴天霹雳，黑方无法改变 20...R×g8 21.Nf7# 的结局。

白胜。

## （39）范德伟尔－古特曼

弈于1984年

**1.e4 c5 2.Nf3 d6 3.d4 c × d4 4.N × d4 Nf6 5.Nc3 a6 6.Bg5 e6 7.f4 Nbd7 8.Qf3 Qc7 9.0–0–0 b5 10.e5 Bb7 11.Qh3 d × e5 12.N × e6 f × e6 13.Q × e6+ Be7**（图194）

图194

双方激烈对攻，白方通过弃子换取黑王在中心受攻的补偿。

**14.N × b5**

在 14.B×b5 a×b5 15.N×b5 Qb6 16.Nd6+ Kd8 17.B×f6 [17.Nf7+ Kc7 18.Q×b6+（18.Q×e7 R×a2）18...N×b6 19.N×h8 Nc4! (19...R×h8∓) 20.Nf7 R×a2–+] 17...B×f6 [17...g×f6 18.Nf7+ Ke8 19.Nd6+= (19.Q×b6 N×b6 20.N×h8 R×a2∓)] 18.f×e5 Bg5+ 19.Kb1 Kc7 20.Rd3 的变化中，白方需要走得非常精确。

**14...a × b5 15.B × b5 Be4**

在 15...Rd8 16.f×e5 Bd5 17.R×d5 N×d5 18.Rd1 Qb6 19.Q×d5 B×g5+ 20.Kb1 Kf8 21.B×d7 ∞ 的变化中，棋局

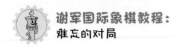

形势复杂。

**16.c3 0–0–0 17.Q×e7 Qb6 18.Qb4**

18.B×d7+ R×d7 19.R×d7 N×d7 20.f×e5∓的变化将带来黑方稍优的局面。

**18...Qe3+ 19.Rd2 h6??**（图195）

黑方应该采取19...Nb8 20.Qc4+ Bc6 21.B×c6 Q×d2+的下法，接下来如果白方走22.Kb1 Qd3+ 23.Q×d3 R×d3–+，黑方则取得优势。

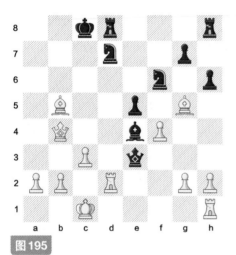

图195

**20.Ba6+!**

黑王插翅难逃。

白胜。

**（40）伯恩格瑟－施密特**

弈于1986年

**1.e4 e6 2.d4 d5 3.Nd2 Nf6 4.e5 Nfd7 5.f4 g6**

5...c5 6.c3 Nc6 7.Ngf3是另一种常见的下法。

**6.c4**（图196）

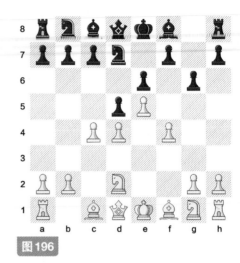

图196

假如白方采取6.Ndf3（图197）的下法，黑方将正常出子。

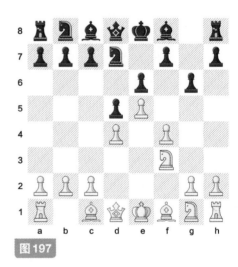

图197

6...b6 7.Bd3 Ba6 8.Ne2 B×d3 9.Q×d3 c5 10.Bd2±，白方空间占优，黑方的出子情况良好。

**6...d×c4 7.N×c4 Nb6 8.N×b6 a×b6 9.Bc4 Nc6 10.Nf3 Ne7 11.0–0 Bd7**

11...Nf5 12.g4 Nh4 13.Be3，黑方

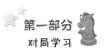

的 g4 马难以发挥持久的作用。

**12.Ng5 Bc6**

12...Bg7 13.Qd3 0-0 14.Rf2 Bc6 15.Bd2=，双方大致均势。

**13.f5!!**（图198）

**图198**

在看起来防守最严密的位置实施突破，白方的行动打破了黑方的防线，将黑方位于中心的王暴露了出来。

**13...g × f5**（图199）

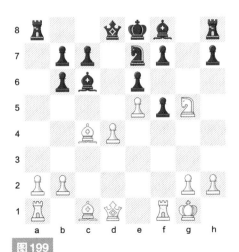

**图199**

黑方如果采取 13...N×f5 的下法，将遭遇白方 14.N×f7!（图200）的打击。

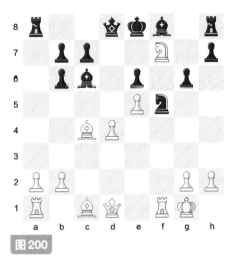

**图200**

一连串的攻击接踵而至。14...K×f7 15.R×f5+ g×f5?? (15...Kg7±，白优) 16.Qh5+ Ke7 (16...Kg7 17.Bh6+ Kg8 18.B×e6#) 17.Bg5+ Kd7 18.Qf7+ Qe7 19.B×e6+ Kd8 20.Q×f5 Q×g5 21.Q×g5++-，白方获得胜势局面。

**14.N × f7!!**

按部就班的走法只会让白方失去进攻机会，14.Qh5? Q×d4+ 15.Kh1 Q×c4-+，黑方取得胜势。

**14...K × f7**

14...Rg8 15.N×d8 R×g2+ 16.Kh1 R×d8 17.Bb5!+-，白方取得胜势。

**15.Qh5+ Ng6**（图201）

黑方如果采取 15...Kg7 的走法，将会遭遇 16.Bh6+ Kg8 17.B×e6#，白胜。

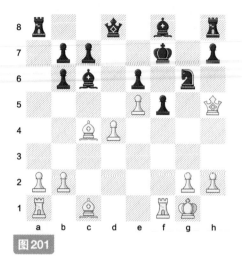

**图201**

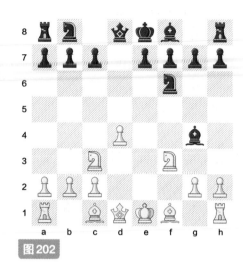

**图202**

**16.Q × f5+!**

白后消灭f5兵，打开黑王的阵地防线。接下来的变化将会是16...Qf6（16...Ke8 17.Qf7#）17.Q×e6+ Kg7 18.e×f6#。

白胜。

---

### （41）拉斯穆森－卡斯滕

弈于1988年

**1.d4 Nf6 2.f3 d5 3.e4? d × e4**

3...c5 4.Bb5+ Nc6 5.e×d5 Q×d5的下法值得注意。

**4.Nc3 e × f3**

黑方可以考虑通过4...Bf5 5.f×e4 N×e4 6.Bd3 N×c3 7.b×c3 B×d3 8.Q×d3 c6∓的下法获得稍优的局面。

**5.N × f3 e6**

黑方可以考虑走5...Bg4（图202）。

黑方将白格象走出来，间接威胁白方的d4兵，6.Be2 e6之后，黑方获得理想的出子机会和阵形结构。

**6.Bg5 Be7 7.Bc4 0-0 8.0-0**

8.Qd2 Nc6 9.0-0-0 b6 10.h4⇄，棋局形成对攻局面。

**8...b6**

8...h6 9.Bh4 Nc6，黑方瞄准中心阵地。

**9.Qe1 Bb7 10.Qh4 Re8**

黑方10...h6 11.B×h6 g×h6 12.Q×h6 B×f3 13.R×f3的走法不能有效动摇中心。黑方10...Nc6 11.Bd3（11.Rad1 Nb4⇄）11...g6的下法值得注意。

**11.Rae1**（图203）

图203

图204

将更多的子力集结到中心，白方虽然少了一个兵，但是拥有较好的空间和主动权。

**11...Nbd7 12.Ne5**

12.Qg3 Nh5 13.Qg4 B×g5 14.N×g5 Nhf6干，黑方获得稍优的局面。

**12...N×e5 13.d×e5**

13.R×e5? h6 14.Be3 Nd7–+的下法为黑方带来理想的局面。

**13...Nd5?**

黑方应该考虑走13...Nd7（图204）。

黑方的目标是建立稳固的阵营，将来依靠多兵的优势实施推进计划。14.Bd3 Nf8 15.B×e7 Q×e7，黑方占优。

**14.Bd3 B×g5??**

黑方没有意识到棋局存在的风险，现在应该采取14...h6的下法（图205）。

图205

接下来，棋局经过15.Qe4! Bc5+!（15...B×g5? 16.Qh7+ Kf8 17.R×f7+ K×f7 18.Bg6+ Kf8 19.Qh8+ Ke7 20.Q×g7#；15...h×g5? 16.Qh7+ Kf8 17.Qh8#）16.Be3 Qg5 17.B×c5 b×c5的变化，形成双方机会大致均等的局面。

**15.Q × h7+ Kf8**（图206）

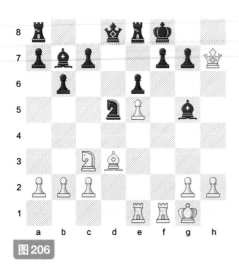

图206

**16.R × f7+!!**

致命的打击，黑方的王城阵地被攻破。16.Qh8+ Ke7 17.Q×g7 Kd7 ∞ 的下法将带来复杂的局面。

**16...K × f7 17.Bg6+ Kf8**

17...Ke7 18.Q×g7#。

**18.Qh8+ Ke7 19.Q × g7#**

白胜。

## （42）伊万丘克－阿南德

弈于1988年

**1.e4 e5 2.Nf3 Nf6 3.N × e5 d6 4.Nf3 N × e4 5.d4 d5 6.Bd3 Be7 7.0–0 Nc6 8.Re1 Bg4 9.c3**

9.B×e4 d×e4 10.R×e4 B×f3 11.Q×f3 N×d4 12.Qc3 Ne6=的变化带来双方机会大致均等的局面。

**9...f5**（图207）

图207

黑方建立稳固的中心，白方的子力活动受到限制。

**10.Qb3 Qd6**（图208）

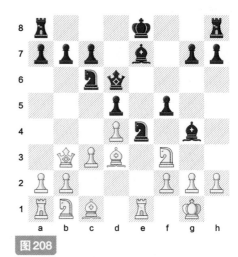

图208

黑方将采取长易位的走法与白方展开对攻。在10...0–0 11.Nbd2 Na5 12.Qa4 Nc6=的变化中，双方均势。

**11.Nfd2!?**

11.Nbd2 0–0–0 ∞，双方均顺利完成出子。

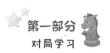

**11...0–0–0 12.f3 Bh4! 13.Rf1 Bh3**（图209）

**图209**

黑方将子力扑向白方阵营。如果黑方走13...Bh5，棋局接下来的变化是14.fxe4 fxe4 15.Bxe4!（15.Nxe4?! dxe4 16.Bxe4 Rhf8 17.Rxf8 Rxf8 18.Be3 Qf6 ∞）15...dxe4 16.Nxe4 Qg6 17.Nc5 b6 18.Qe6+±，白方获得优势。

**14.Qc2 Qg6 15.Nb3 Rhf8 16.Na3**

16.Kh1±（图210）。

**图210**

摆脱牵制，黑方的子力处于受攻状态的弊端显露了出来，白方有望获得优势。

**16...Rde8 17.Kh1??**

白方应该通过17.Bf4! Bg5 18.Bxg5 Nxg5 19.gxh3 Nxh3+ 20.Kh1 Nf4 21.Rae1+−的下法获得胜势局面。

**17...Nf2+ 18.R x f2**（图211）

**图211**

**18...B x g2+!**

黑方的行动产生爆破效果。接下来19.Kg1（19.Rxg2 Re1+ 20.Rg1 Rxg1#）19...Re1+ 20.Bf1 Bxf1+（20...Rxf1+ 21.Rxf1 Bxf3+ 22.Qg2 Qxg2#）21.Rg2 Bxg2#的变化无法被阻挡。

黑胜。

### （43）劳森－兰顿博格

弈于1989年

**1.e4 e6 2.d4 d5 3.Nd2 Nc6 4.c3 e5**

**5.e × d5**

5.dxe5 Nxe5 6.Ndf3 Nxf3+ 7.Nxf3 dxe4 8.Qxd8+ Kxd8 9.Ng5 Be6 10.Nxe4，双方机会大致均等。

**5...Q × d5 6.Ngf3 e × d4 7.Bc4 Qh5 8.0–0**

8.Nxd4 Qxd1+ 9.Kxd1 Nxd4 10.cxd4 Be7 11.Re1±，白方出子略占上风。

**8...Be6 9.Qb3**

9.Bxe6 fxe6 10.Nxd4±，白方稍优。

**9...0–0–0 10.B × e6+ f × e6 11.c × d4 Nf6 12.Ne4**

12.Qxe6+ Kb8 13.Nb3 Bd6=，双方机会大致均等。

**12...Rd5 13.Re1 N × e4 14.R × e4 Bd6 15.h3**

15.Rxe6? Nxd4 16.Nxd4 Qxh2+ 17.Kf1 Rxd4–+的变化将会带来黑方胜势的局面。

**15...Rf8 16.R × e6**

白方可考虑走16.Bd2。

**16...Rdf5**

16...Rxd4!? 17.Re2 Qg6，黑方获得稍优的局面。

**17.g4?**（图212）

白方应该走17.Re4±，力图在中心线路上发挥车的作用。

图212

**17...Q × h3!**

黑方敏锐地捕捉到战机，弃车换来的是白方破损的王城。

**18.g × f5**（图213）

在18.Ne5 Rf3! 19.Re8+ [19.Nxf3?? Nxd4 20.Nxd4 (20.Re3 Nxb3 21.axb3 Rxf3–+) 20...Qh2+ 21.Kf1 Qxf2#] 19...Rxe8 20.Qxf3 Qxf3 21.Nxf3 Re4–+的变化中，黑方胜势的步伐难以阻挡。

图213

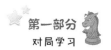

**18...N × d4!**

动摇白方的f3马！

**19.Ng5**

19.N×d4 Bh2+ 20.Kh1 Bg3+ 21.Kg1 Qh2+ 22.Kf1 Qxf2#，黑胜。

**19...Qh2！！**

19...N×b3?!这步棋不够精确，经过20.N×h3 N×a1 21.b3干，棋局只是一个黑方优势的局面。

**20.Kf1 Qh1#**

黑胜。

**（44）赖茨－雷格奇**

弈于1989年

**1.d4 Nf6 2.c4 e5!?**（图214）

**图214**

不均衡的局面将会带来一场混战。

**3.d × e5 Ng4 4.Nf3**

4.Bf4! Bc5 5.e3的出子次序更为合理。

**4...Bc5 5.e3 Nc6 6.Nc3**

6.Be2 0-0 7.0-0带来一个平稳的局面。

**6...0-0 7.Be2 Nc × e5 8.0-0 N × f3+**

**9.B × f3 Ne5 10.Be2 Re8 11.a3**

白方可以通过11.Ne4 Qe7 12.N×c5 Qxc5 13.b3±的下法获得稍优的局面。

**11...a5 12.b3 Ra6**（图215）

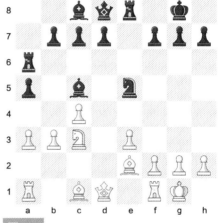

**图215**

黑方的思路很别致，黑车从6线上出动，投入到王翼的战斗中。

**13.Bb2 Rh6 14.h3 d6**（图216）

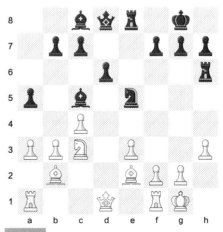

**图216**

黑方的子力瞄准白方的王翼。

**15.Ne4 B×h3**（图217）

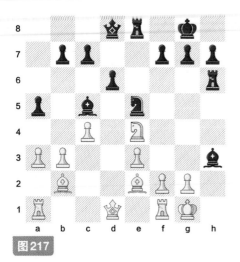

图217

黑方直接通过弃子的走法打开白方
的王前阵地。

**16.N×c5**（图218）

白方16.g×h3 Qh4 17.Re1 Qxh3−+
的下法，无疑难以保障王的安全。

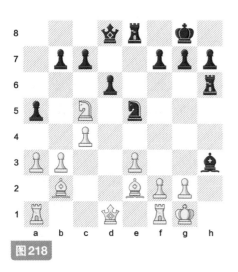

图218

**16...B×g2!**

弃子！黑方采取最直接的方式打开
白方的王前阵地，16...Qg5 17.Bf3的下
法令白方可以实现有效的防护。

**17.B×e5**（图219）

17.K×g2 Qg5+ 18.Bg4 N×g4
19.Ne6 Re×e6 20.Kf3 R×e3+ 21.f×e3
Q×e3+ 22.K×g4 Rg6+ 23.Kh4 Qg3+
24.Kh5 Rh6#的下法能为黑方带来满意
的结果。

图219

**17...Qh4!**

黑方抓住白方阵营当中的主要弱点，
将更多的子力投入到战斗中。黑方的进
攻直接有效。现在，黑方也可以通过
17...Bc6 18.Bf3 R×e5 19.B×c6 Qh4−+
的下法获得胜势局面。

**18.f4**

在18.f3 d×e5 19.Ne4 B×f3 20.Nf6+ Kh8
21.R×f3 Qh1+ 22.Kf2 Rh2+ 23.Kg3 Qg2#的
变化中，黑方的进攻收到了满意的效果。

**18...Qg3**

白方无法阻挡黑方Be4的将杀威胁。黑胜。

### （45）希罗夫－拉宾斯基

**弈于1990年**

**1.e4 e5 2.f4 e×f4 3.Nf3 g5 4.Bc4 g4**

4...Nc6的下法值得注意。

**5.0–0**（图220）

图220

白方宁可弃掉一个轻子，也要抢夺出子的速度。

**5...g×f3 6.Q×f3 Qf6 7.e5 Q×e5**

黑方可以考虑7...Bc5+ 8.Kh1 Qxe5 9.d3 Bd6的下法。

**8.B×f7+?**（图221）

简单直接的弃子行动会奏效吗？

**8...K×f7 9.d4 Q×d4+ 10.Be3 Qf6 11.B×f4**

11.Qh5+ Qg6 12.R×f4+ Nf6 13.R×f6+ K×f6 14.Bd4+ Kf7 15.Qf3+

Kg8 16.Qd5+ Qe6 17.Qg5+ Kf7 18.Qh5+ Ke7–+的变化不足以支撑白方有效的进攻。

图221

**11...Ke8?**

黑方应该采取11...Nc6 12.Nc3 Bc5+ 13.Kh1 d6 14.Ne4 Qf5 15.R×d6 Q×f3 16.R×f3+ Kg6 17.B×c5 Nh6⇄的走法，棋局形成复杂的互攻局面。

**12.Nc3**

白方还可以通过12.Qh5+ Qg6! 13.Qe5+ Be7 14.Q×h8 Bf6 15.Bd6 c×d6 (15...B×h8? 16.Rf8#) 16.R×f6±的下法获取优势。

**12...Nc6**

黑方可以考虑通过12...d6 13.Nd5 Qg7 14.Rae1+ Be7 15.N×c7+ Kd8 16.N×a8 Nc6 ∞ 或12...Ne7 13.Rae1 d6 14.Nd5⇄的下法使局面变得复杂。

**13.Nd5 Qg6 14.Rae1+ Be7??**（图222）

黑方应该采取14...Nge7 15.N×c7+

Kd8 16.N×a8 d6 ∞的下法，棋局形势复杂。

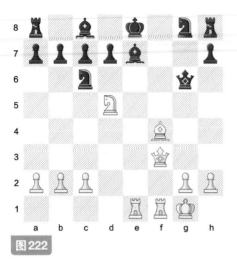

**图222**

### 15.Bd6!

直接有效的进攻方式！在15.N×c7+
Kd8 16.N×a8±的变化中，白方稍优。

### 15...Kd8（图223）

黑方正处于一个艰难的局面。15...Nf6
16.B×e7 N×e7 17.N×e7 Qg5 18.Ng6+ Kf7
19.N×h8++─以及15...c×d6 16.Qf8#的走
法均不能使黑方获得理想的局面。

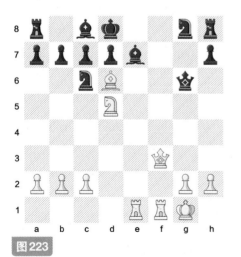

**图223**

### 16.Qf8+!

白方一举突破。

### 16...B × f8 17.B × c7#

17.R×f8+ Qe8 18.Rf×e8# (18.
B×c7#) 的走法也能使白方将杀黑王。

白胜。

### （46）尼尔森－班达里

弈于1992年

### 1.d4 Nf6 2.c4 d6 3.Nc3 g6 4.e4 Bg7
### 5.f4（图224）

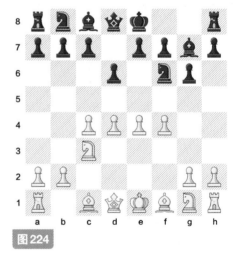

**图224**

白方的4个兵来势汹汹。

### 5...0–0 6.Nf3 c5 7.d5 e6 8.d × e6

8.Bd3 e×d5 9.c×d5 Re8 10.0–0的
变化将会带来一个相对平稳的局面。

### 8...f × e6 9.Bd3 Nc6 10.0–0 a6

黑方可以考虑走10...Nd4。

### 11.Ng5

在11.Qe1 Nd4 12.Bd2 Rb8 13.Ng5 e5

的变化中，黑方能从中心找到反击机会。

**11...Qe7 12.Bd2 Rb8 13.Kh1 Bd7**

**14.b3 Ne8?**

14...h6 15.Nf3 Nh5 ∞的变化带来复杂

的局面。

**15.Qg4 Nd4**

在15...Nb4 16.Bb1以及15...e5 16.f5→

的局面中，白方均能将矛头指向王翼。

**16.e5 d×e5?**（图225）

黑方应该考虑走16...Bh8!，在白方走

17.Rae1之后，黑方仍需苦心经营防守。

**图225**

**17.N×h7!**

黑方的王城遭到破坏。

**17...K×h7??**

面对突如其来的打击，黑方有些

乱了方寸。不过，17...R×f4 18.Q×g6

R×f1+ 19.R×f1 Nf5 20.Ng5+-的下法也

无法保证黑王的安全。

**18.Q×g6+ Kh8**

18...Kg8（图226）的下法能让黑方

的王逃离危险吗？

**图226**

19.Qh7+! Kf7 20.Bg6+ Kf6 21.Ne4#，

显然黑王难以改变被围剿的结果。

**19.Qh7#**

白胜。

### （47）布兰克－西拉夫

弈于 1992 年

**1.e4 e5 2.Nf3 Nc6 3.Bb5 f5**（图227）

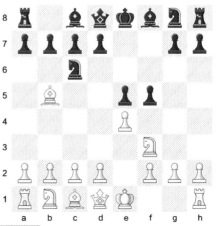

**图227**

不均衡的开局下法。

### 4.Nc3?!

4.e×f5 e4 5.Qe2 Qe7 6.R×c6 d×c6
7.Nd4 Qe5 8.Ne6 B×e6 9.f×e6 Nf6 10.d3
0–0–0 11.d×e4 Bb4+ 12.c3 Bc5 13.Be3=
的下法带来双方机会均等的局面。

### 4...f × e4 5.N × e4 Nf6

在5...d5 6.N×e5 d×e4 7.N×c6 Qd5
8.c4± 的变化中，白方获得优势。

### 6.N × f6+

6.Qe2的下法值得注意。

### 6...Q × f6 7.0–0 Nd4 （图228）

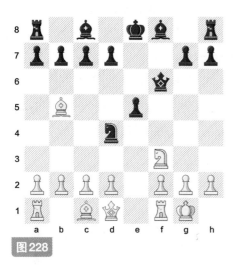

**图228**

在7...Be7 8.d3 (8.Qe2 0–0 9.B×c6
Q×c6) 8...0–0 9.Bc4+ Kh8 10.Bg5 Qf5
的变化中，黑方能够快速实现王车易位。

### 8.N × d4 e × d4 9.Qe2+ Be7

9...Qe7 10.Qg4 c6 11.Bd3±，白方
优势明显。

### 10.Re1 c6 11.Ba4

11.Bd3的下法值得考虑。

### 11...0–0

黑方 11...d5 12.d3 0–0 的走子次序
也行得通。

### 12.d3

12.Q×e7?? Q×f2+ 13.Kh1 Qf1+
14.R×f1 R×f1#的下法将白方的王带入
险境。

### 12...d5 13.f3

白 方 不 能 采 取13.Q×e7?? Q×f2+
14.Kh1 Qf1+ 15.R×f1 R×f1#的下法。

### 13...Bd6∓ 14.Qf2 Bg4?! （图229）

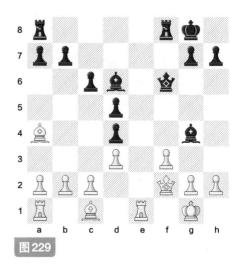

**图229**

黑方的进攻效果并不明显，王翼进
攻缺少有效的突破手段。此时，黑方值
得考虑的下法是14...a5（图230），在后
翼上适度展开行动。

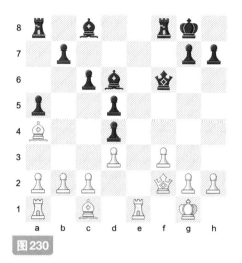

**图230**

在15.a3 b5 16.Bb3 a4 17.Ba2
Bd7∓的变化中，黑方顺利完成出子，
且在后翼上占据一定主动权。

**15.Re2?!**

15.Bd2的下法值得考虑。

**15...Rae8 16.R×e8**

16.f×g4?? Q×f2+ 17.R×f2 Re1+
18.Rf1 Rexf1#，贸然消灭黑象，只会令
白方陷入困境。

**16...R×e8 17.f×g4??**（图231）

白方应该考虑17.Bd2=的下法，双
方均势。

**17...B×h2+!**

行动瞬间展开！

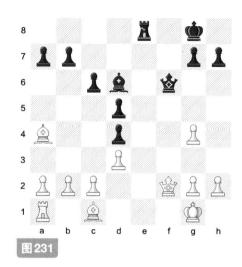

**图231**

**18.Kf1**（图232）

白方当然不能接受18.K×h2 Q×f2-+
的结果。

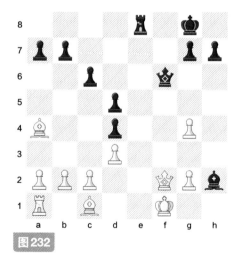

**图232**

**18...Bg3!**

黑方威胁在底线e1实施将杀。

**19.Q×f6**

白方无法防守。在19.Be3 d×e3
(19...B×f2 20.B×f2 Rf8≅) 20.Q×f6 e2+

21.Kg1 g×f6 22.c4 e1Q+ 23.R×e1 R×e1#的变化中，白王同样难以脱身。

### 19...Re1#

黑胜。

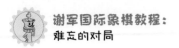

## （48）蒂塔－布罗曼

弈于1993年

**1.e4 e5 2.Nf3 Nc6 3.Bc4 Nf6 4.d3 Bc5 5.c3 0–0 6.b4 Bb6 7.0–0 d6 8.a4 a6**

（图233）

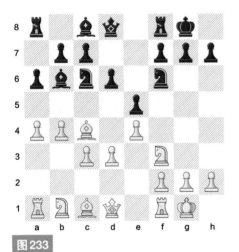

图233

8...a5 9.b5 Ne7 10.Nbd2 Ng6 11.Bb3 d5 12.e×d5 N×d5 13.Ne4 Bf5 ∞ 的变化带来复杂的局面。

**9.Nbd2 Ne7 10.a5 Ba7 11.Re1**

11.Bb3 Ng6 12.Nc4 Qe7 13.Re1 Be6 14.Bd2 ∞双方的战斗机会相当。

**11...Ng6 12.Nf1 Be6 13.Bb3**

在13.B×e6 f×e6 14.d4 Nh5（图234）的变化中，黑方通过15.Be3 Qf6的子力

调动，将更多的力量投向王翼。

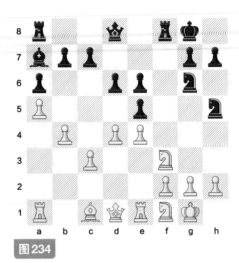

图234

### 13...h6

黑方直接从中心反击的走法是13...d5（图235）。

图235

经过14.e×d5 N×d5 15.Qc2 Qd6 16.Ng3 Rae8 17.Ba3 Ndf4的变化之后，双方进入混战。

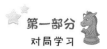

**14.Ng3 Qd7**

黑方可以考虑走14...d5。

**15.h3 B×h3?**

不成熟的一步棋，黑方应该考虑走15...d5，从中心行动。

**16.g×h3 Q×h3 17.d4**

白方应该在中心予以回应，17.Ra2?? Q×g3+−+的下法令黑方在王翼的进攻得逞。

**17...Ng4 18.Bc4??**（图236）

白方应该通过采取18.Ra2的下法进行防守。

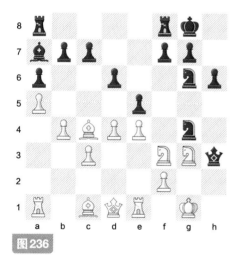

图236

**18...Nh4!**

黑方的进攻力量持续增强。

**19.Bf1**

19.B×f7+ R×f7 20.N×h4 Qh2+ 21.Kf1 R×f2#或19.N×h4 Qh2+ 20.Kf1 Q×f2#的下法也无法令白方摆脱困境。

**19...N×f3+ 20.Q×f3 Qh2#**

黑胜。

#### （49）霍斯特曼－萨格拉姆

弈于1993年

**1.d4 Nf6 2.c4 e5**（图237）

图237

在众多套路式的开局走法当中，偶尔来一步不按常规套路的棋往往会收到不一样的效果。

**3.d×e5 Ng4 4.Nf3**

4.f4 Bc5 5.Nh3 Nc6 6.Nc3 0–0↑的下法会帮助黑方更好地完成出子。

**4...Bc5 5.e3 Nc6 6.Qd5 Qe7 7.a3**

7.Nc3 0–0 8.Qe4 Ng×e5 9.N×e5 Q×e5=，双方均势局面。

**7...a5 8.b3 Nc×e5**

黑方采取8...0–0 9.Bb2 Re8 10.e6 d×e6 11.Qh5 Nf6∓的下法，能够发挥出子速度的优势。

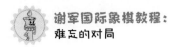
## 9.Bb2

9.N×e5!? N×e5 10.Nc3=，双方机会均等。

## 9...c6

9...N×f2（图238）的下法需要注意。

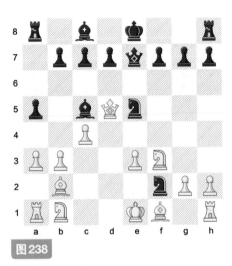

图238

经过10.K×f2 Ng4+ 11.Ke1 B×e3 (11...N×e3 12.Qe5 Q×e5 13.B×e5=) 12.Be2 Bf2+ 13.Kd2 Ra6↑，黑方的进攻机会不容小觑。

## 10.Qe4?

白方应该考虑走10.Qd2!? 0–0 11.N×e5 [11.Nc3 d6 12.Na4 N×f3+ 13.g×f3 B×e3（图239），黑方中心的行动得到14.f×e3 Qh4+的呼应] 11...N×e5 12.Nc3（12.Qc3 f6 13.Nd2 d5）12...d6 13.Na4 ∞，棋局形势复杂。

图239

## 10...d6?!

黑方可以考虑在中心通过弃子进行突破：10...N×f2!?（图240）。

图240

经过11.Q×e5 [11.K×f2 Ng4+ 12.Q×g4 Q×e3+ 13.Kg3 Qf2+ 14.Kh3 (14.Kf4 Be3+ 15.Ke4 d5+ 16.c×d5 B×g4–+) 14...Q×b2 15.Bd3 Q×a1–+] 11...N×h1 12.Q×e7+ K×e7 13.B×g7 Re8–+的变化，

黑方获得的进攻机会弥补了弃子的损失。

**11.Nbd2?**

11.N×e5 N×e5 (11...d×e5 12.Be2=) 12.Be2 0-0∓ 是正确的下法。

**11...f5 12.Qc2**（图241）

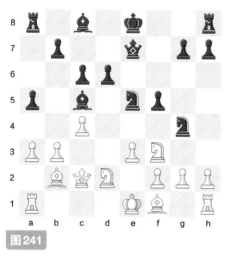

**图241**

白方的王在中心是否会遭到攻击？

**12...N×f2!**

黑方还可以通过采取12...f4!? 13.N×e5 d×e5 14.Ne4 f×e3∓ 的下法打开中心。

**13.K×f2**

13.N×e5 N×h1-+，黑方得子。

**13...Ng4+ 14.Kg3**

14.Ke1 Q×e3+ 15.Kd1 (15.Be2 Qf2+ 16.Kd1 Ne3+ 17.Kc1 N×c2-+) 15...Nf2+ 16.Kc1 N×h1-+，黑方进攻顺利。

**14...B×e3**

在 14...f4+!? 15.e×f4 (15.K×f4 B×e3+ 16.Kg3 Bf2+ 17.Kh3 Ne3+ 18.g4 B×g4#) 15...Bf2+ 16.Kh3 Ne3+-+ 的变化中，黑方的进攻取得理想的结果。

**15.Ne1**（图242）

15.h4 f4+ 16.Kh3 Bf2 17.Ne4 Ne3+ 18.Kh2 N×c2-+，白方无法阻挡黑方获得胜势局面。

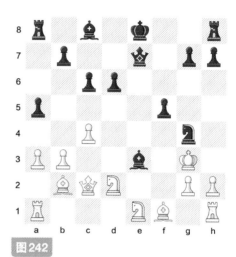

**图242**

**15...Bf2+!**

黑方另外一个有力的进攻手段是通过15...Bf4+! 16.K×f4 (16.Kh3 Nf2#) 16...Qe3#; 15...Qg5 16.Kf3 B×d2 17.g3 Qe3+ 18.Kg2 f4-+ 的下法获得胜势局面。

**16.Kf3**

无论是16.Kh3 Qh4#还是16.Kf3 Qe3#的下法，白王都难以逃脱被将杀的命运。

黑胜。

（50）瑟珀-杜库卡耶夫

弈于1994年

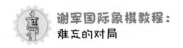

**1.c4 e6 2.Nc3 d5 3.d4 Nf6 4.Bg5 Be7**

**5.Nf3 Nbd7 6.e3 0-0**

6...h6 7.B×f6 N×f6 8.Bd3 0-0 9.0-0 d×c4 10.B×c4 c5的下法值得考虑。

**7.Qc2 a6**

黑方也可以采取7...h6 8.Bh4 c5的下法。

**8.c × d5**（图243）

图243

**8...e × d5**

8...N×d5 9.N×d5 e×d5 10.B×e7 Q×e7 11.Q×c7的下法为白方带来理想的结果。

**9.Bd3 h6 10.h4**（图244）

白方王翼上h兵的挺进看起来很凶，但是只要黑方不要冒失地采取h×g5的下法，白方就难以打开h线。

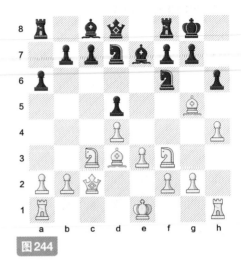

图244

**10...c5!**（图245）

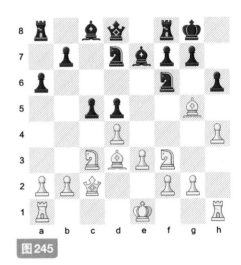

图245

在棋盘的其他位置实施反击是个聪明的决策，进攻是最好的防守。

**11.0-0-0 c4**

11...c×d4 12.N×d4 Nc5 13.Nf5 Be6 14.N×e7+ Q×e7 15.Bh7+ Kh8 16.B×f6 Q×f6 17.N×d5 B×d5 18.R×d5 Ne6 19.Qf5 Qe7 ∞将带来复杂的局面。

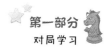

**12.Bf5 b5 13.Ne5 Bb7**

13...Nb6 14.B×c8 (14.Nc6 Qd6
15.N×e7+ Q×e7 16.B×c8 Ra×c8)
14...R×c8，双方激战正酣。

**14.Rh3 b4**

14...h×g5（图246）这步棋能走吗？

图246

答案是：不能！白方可以通过采取
凶猛的弃子手段突破黑方王城的防守。
15.Bh7+!! N×h7 (15...Kh8 16.h×g5+-)
16.Q×h7+! K×h7 17.h×g5+ Kg8
18.Rdh1（图247）。

黑方的王难以抵挡白方在h线上的
入侵。18...g6 19.Rh8+ Kg7 20.R1h7#，
白方实施将杀行动。

图247

**15.Ne2 N × e5**

15...h×g5 16.Bh7+ Kh8 17.h×g5 g6
18.N×g6+ Kg7 19.Ng3 N×h7 20.Nf5+
Kg8 21.Ng×e7+ Kh8 22.R×h7+ K×h7
23.Rh1#的下法将为白方带来将杀机
会；15...Bc8 16.Nc6 Qe8 17.Rg3 b3
18.a×b3 h×g5 ∞的下法带来的是双方的
一场激战。

**16.d × e5 Ne8**

打开h线总是危险的。例如
16...h×g5 17.h×g5! Nh5 18.Bh7+ Kh8
19.R×h5+-的下法将为白方带来胜势
局面。

**17.e6**

白方可以考虑走17.B×e7!? Q×e7
18.f4=，形成大致均势的局面。

**17...h × g5?**

黑方还是难以拒绝消灭白象的诱惑。
此时，黑方如果采取17...Nd6 18.B×e7
Q×e7 19.e×f7+ R×f7 20.Bh7+ Kh8

21.Nf4 R×f4 22.e×f4 Qf6 23.g3 Rc8≌的
下法，将会形成弃子有补偿的局面。

**18.Bh7+ Kh8 19.h×g5 B×g5**（图248）

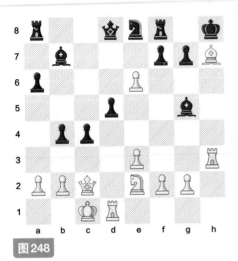

图248

**20.Bg8+!**（图249）

图249

h7格的将杀无法阻挡。

白胜。

第二部分

思考问答

## （1）施坦格尔-阿兹迈帕拉什维利

弈于1994年

**1. d4 d6 2.Nf3 g6 3.e4 Bg7 4.Nc3 Nf6 5.Bf4 c6 6.Qd2 Qa5 7.h3 Nbd7 8.0-0-0 b5 9.e5**（图1）

问题1：这步棋好不好？

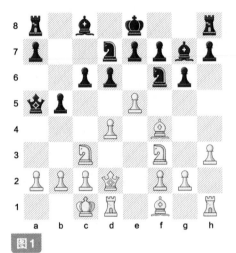

图1

**9...b4**

问题2：这步棋好不好？

**10.e×f6 b×c3 11.Q×c3**

问题3：这步棋好不好？

**11...Qf5 12.f×g7 Q×f4+ 13.Kb1 Rg8 14.Q×c6 Rb8 15.Bb5 Kd8 16.Rd3**（图2）

图2

问题4：这步棋好不好？白方的计划是什么？

**16...Qf5 17.Rc3 Q×b5**（图3）

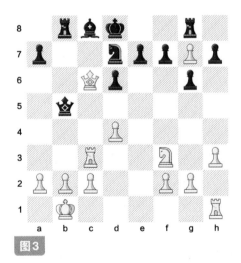

图3

**18.Qc7+**

问题5：你想到连将杀的走法了吗？

白胜。

## （2）格罗斯－瓦伦塔

弈于1995年

**1.d4 d5 2.Nf3 Nf6 3.c4 d×c4 4.Nc3
a6 5.e4 b5 6.e5 Nd5 7.a4 N×c3
8.b×c3 Bb7 9.e6**（图4）

问题1：这步棋好不好？你还想到
了哪一步棋？

**图4**

**9...f6**

问题2：这步棋好不好？你还想到
了哪一步棋？

**10.Be3 Qd5 11.Qb1**

问题3：这步棋好不好？你还想到
了哪一步棋？

**11...c6 12.Nd2 Q×e6 13.B×c4 Qd7**

问题4：13...b×c4好不好？接下来
的变化会是什么？

**14.Bd3 g6 15.Ne4 Qc8 16.Nc5 Nd7**

（图5）

问题5：这步棋好不好？你还想到
了哪一步棋？

**图5**

**17.B×g6+**

问题6：这步棋你想到了吗？连将
杀你想到了吗？

白胜。

## （3）巴克兰－马尔切夫

弈于1995年

**1.e4 Nf6 2.e5 Nd5 3.Nc3 e6 4.d4 d6
5.Ne4 Nc6 6.Nf3 Be7 7.c3 0-0
8.Bd3 a6 9.Qe2 b5 10.h4**（图6）

问题1：这步棋好不好？你还想到
了哪一步棋？

了哪一步棋？

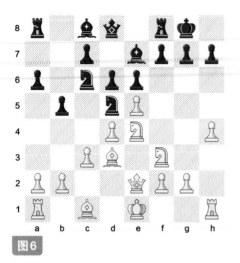

**图6**

**10...b4**

问题2：这步棋好不好？你还想到了哪一步棋？

**11.c4 Nb6 12.Neg5**（图7）

问题3：这步棋好不好？你还想到了哪一步棋？

**图7**

**12...g6 13.h5 d×e5**（图8）

问题4：这步棋好不好？你还想到

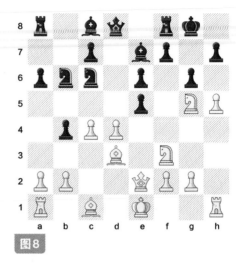

**图8**

**14.N×h7**

问题5：这步棋你想到了吗？

**14...K×h7 15.h×g6+ Kg8**

问题6：这步棋好不好？你还想到了哪一步棋？黑方能解决王的安全问题吗？

**16.N×e5 N×e5 17.Qh5 N×d3+**
**18.Kf1 Kg7 19.Bh6+ Kg8**（图9）

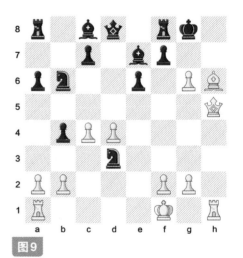

**图9**

**20.Bg5**

问题7：这步棋你想到了吗？将杀黑王的办法想清楚了吗？

白胜。

### （4）斯博特-基里业克

弈于1995年

**1.e4 e5 2.Nf3 Nc6 3.d4 e×d4**

**4.N×d4 Qh4 5.Nb5?!** （图10）

问题1：这步棋好不好？你还想到了哪一步棋？

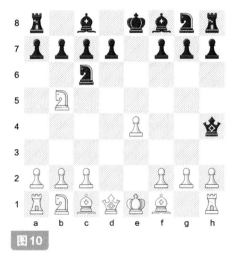

**图10**

**5...Bb4+ 6.Bd2 Q×e4+ 7.Be2 Q×g2**

**8.Bf3** （图11）

问题2：这步棋好不好？你还想到了哪一步棋？你认为在这个局面中哪一方占优？

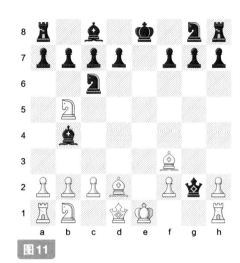

**图11**

**8...B×d2+ 9.N×d2 Qh3 10.Qe2+**

问题3：这步棋好不好？你还想到了哪一步棋？

**10...Kd8 11.0-0-0 Qe6 12.Qd3 a6**

**13.Rhe1 Q×a2**

问题4：这步棋好不好？你还想到了哪一步棋？

**14.N×c7** （图12）

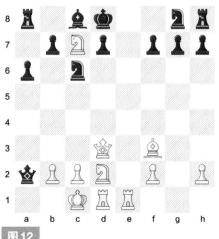

**图12**

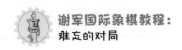

**14...Qa1+**

问题5：这步棋好不好？你还想到了哪一步棋？你认为在这个局面中哪一方占优？

**15.Nb1 K×c7 16.Qd6+ Kb6 17.B×c6 b×c6**（图13）

问题6：你认为在这个局面中哪一方占优？

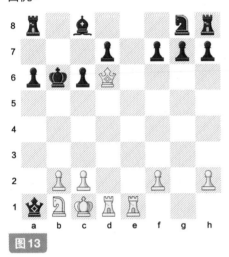

**图13**

**18.Re3**

问题7：这步棋好不好？你还想到了哪一步棋？

**18...Qa5 19.Rb3+ Ka7**（图14）

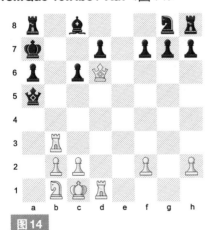

**图14**

**20.Q×d7+**

问题8：这步棋想到了吗？白方连将杀你想到怎么走了吗？

白胜。

## （5）莱温－希普曼

弈于1995年

**1. e4 e5 2.f4 e×f4 3.Nf3 g5 4.h4!? g4 5.Ne5 d6 6.N×g4 Be7 7.Bc4**

问题1：这步棋好不好？你还想到了哪一步棋？

**7...B×h4+ 8.Nf2 Qg5**（图15）

问题2：这步棋好不好？你还想到了哪一步棋？你认为在这个局面中哪一方占优？

**图15**

**9.Qf3 Nc6 10.0–0 Ne5 11.Qb3 f3**（图16）

问题3：这步棋好不好？你还想到了哪一步棋？你认为在这个局面中哪一方占优？

图16

**12.B × f7+ Ke7**

问题4：这步棋好不好？你还想到
了哪一步棋？你认为在这个局面中哪一
方占优？

**13.g4 Qf4 14.Kh1**（图17）

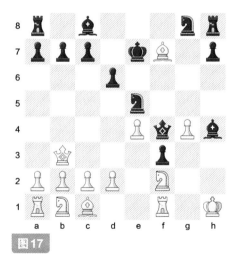

图17

**14...Qg3**

问题5：这步棋好不好？你想到了
吗？

**15.Rg1 Q × f2 16.d4 N × g4**

问题6：这步棋好不好？你还想到
了哪一步棋？

**17.Bf4**（图18）

问题7：你认为在这个局面中哪一
方占优？

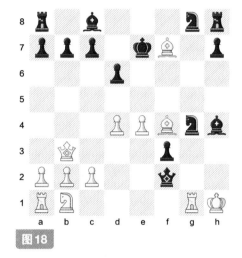

图18

**17...Qh2+ 18.B × h2 Nf2#**

黑胜。

## （6）克里斯托弗－萨默斯凯尔

弈于1996年

**1.d4 d5 2.c4 c6 3.Nc3 d × c4 4.e4 b5
    5.a4 b4 6.Nb1 Ba6 7.Nf3 Nf6 8.e5
    Nd5 9.Ng5 h6**

**9...Qc8**（图19）

问题1：这步棋好不好？你还想到
了哪一步棋？你认为在这个局面中哪一
方占优？

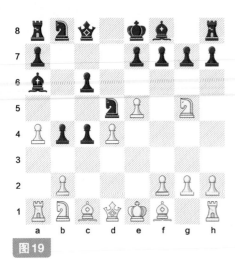

图19

**10.Qh5 h×g5**

问题2：这步棋好不好？你还想到了哪一步棋？你认为在这个局面中哪一方占优？

**11.Q×h8 Nf4 12.Be3**

问题3：这步棋好不好？你还想到了哪一步棋？你认为在这个局面中哪一方占优？

**12...Qd5**（图20）

问题4：你认为在这个局面中哪一方占优？

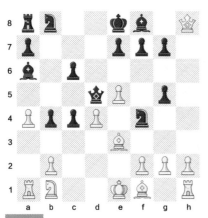

图20

**13.f3**

问题5：这步棋好不好？你还想到了哪一步棋？你认为在这个局面中哪一方占优？

**13...Ne6**

13...c5!?（图21）。

问题6：对局走的是第一种选择。两种选择之间，你更喜欢哪一种？你认为在这个局面中哪一方占优？

图21

**14.Nd2 N×d4 15.0-0-0 c3 16.Nc4 B×c4**（图22）

问题7：这步棋好不好？你还想到了哪一步棋？你认为在这个局面中哪一方占优？

图22

**17.R×d4**

问题8：这步棋好不好？你还想到了哪一步棋？

**17...Q×e5**（图23）

问题9：你认为在这个局面中哪一方占优？白方下一步应该怎么走？

图23

**18.Q×f8+**

问题10：白方连将杀的下法你想到了吗？

白胜。

### （7）纳扎纳斯-沃洛金

弈于1996年

**1.e4 c5 2.Nf3 Nc6 3.d4 c×d4 4.N×d4 Nf6 5.Nc3 e5 6.Nb3 Bb4 7.Bc4 0–0**

问题1：这步棋好不好？你还想到了哪一步棋？你认为在这个局面中哪一方占优？

**8.Qd3 d6**

8...d5（图24）。

问题2：对局中黑方走的是8...d6。你喜欢挺兵到d6还是d5？

图24

**9.0–0 B×c3 10.b×c3 Be6 11.B×e6 f×e6 12.Ba3**（图25）

问题3：这步棋好不好？你还想到了哪一步棋？你认为在这个局面中哪一方占优？

**图25**

**12…Ne8 13.Rad1 Rf7 14.Rd2 b6**

**15.Rfd1 Rc8 16.B×d6 N×d6**

**17.Q×d6 Qf6 18.c4**（图26）

问题4：这步棋好不好？你还想到
了哪一步棋？你认为在这个局面中哪一
方占优？

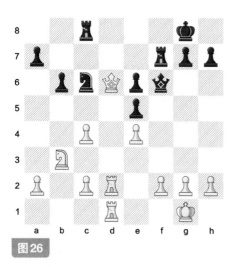

**图26**

**18…Rd8 19.Q×c6**（图27）

问题5：这步棋好不好？你还想到

了哪一步棋？你认为在这个局面中哪一
方占优？

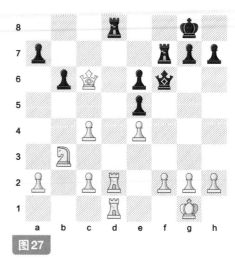

**图27**

**19…Q×f2+**（图28）

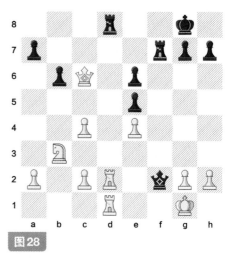

**图28**

问题6：黑方的这步棋你想到了吗？
黑胜。

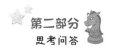

## （8）纳姆索罗－劳

弈于1996年

**1.d4 e6 2.e4 b6 3.Nc3 Bb7 4.Bd3 Nf6**

**5.Nf3 d5 6.e×d5 e×d5 7.0–0 Be7**

**8.Re1 0–0 9.Qe2 Re8 10.Bg5**（图29）

问题1：这个开局你会下吗？你认为在这个局面中哪一方占优？

**图29**

**10...Nbd7 11.Ne5 h6**（图30）

问题2：这步棋好不好？你还想到了哪一步棋？你认为在这个局面中哪一方占优？

**12.N×f7**

问题3：这步棋好不好？你会走这步棋吗？

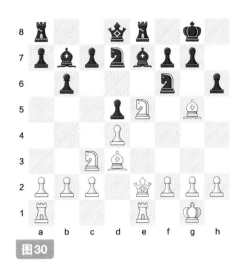

**图30**

**12...Qc8**（图31）

问题4：这步棋好不好？你认为在这个局面中哪一方占优？

**图31**

**13.Qe6**

问题5：这步棋好不好？你还想到了哪一步棋？你认为在这个局面中哪一方占优？

**13...Bf8**（图32）

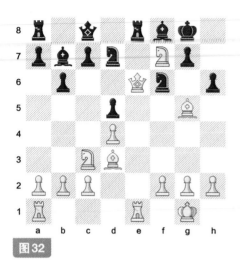

图32

**14.N×h6+**

问题6：这步棋好不好？你还想到
了哪一步棋？

**14...Kh8 15.Qg8+**（图33）

问题7：这步棋你想到了吗？这种
将杀方法你会吗？

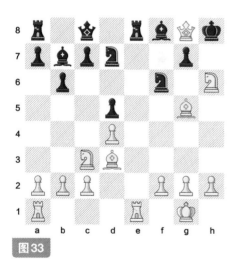

图33

白胜。

**（9）卡斯特里奇－西米克**

弈于1996年

**1.e4 c6 2.d4 d5 3.Nc3 d×e4 4.N×e4
Bf5 5.Ng3 Bg6 6.Bc4 e6 7.N1e2
Bd6 8.0–0**

8.h4（图34）。

问题1：对局中白方走的是短易位。
8.h4这步棋好不好？如果你是白方，你
会选择怎么下？

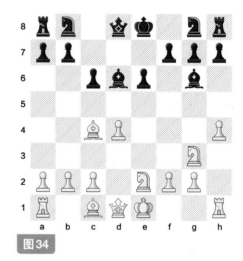

图34

**8...Nf6 9.f4 Qc7 10.f5**（图35）

问题2：这步棋好不好？你还想到
了哪一步棋？你认为在这个局面中哪一
方占优？

**图35**

**10...e × f5 11.N × f5 B × h2+ 12.Kh1 0-0**

**13.Qe1 Bd6 14.N × g7 K × g7**（图36）

问题3：你认为在这个局面中哪一方占优？白方下一步棋该走什么？

**图36**

**15.R × f6**

问题4：这步棋好不好？你还想到了哪一步棋？你认为在这个局面中哪一方占优？

**15...b5**

问题5：这步棋好不好？你还想到了哪一步棋？

**16.Bb3 Re8**（图37）

**图37**

**17.Qh4 Nd7 18.Bh6+ Kg8?**（图38）

问题6：这步棋好不好？你想到白方下一步棋该走什么了吗？

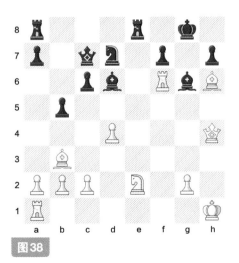

**图38**

**19.R × f7 B × f7 20.Qg5+**

问题7：图38的局面之后的变化中你是不是和对局中的白方走得一样？

白胜。

## （10）诺格拉蒂－卡恩

弈于1996年

**1. e4 c5 2.Nc3 d6 3.f4 g6 4.Nf3 Bg7**
**5.Bc4 e6 6.f5**（图39）

问题1：这步棋好不好？你还想到了哪一步棋？

图39

**6...e × f5 7.d3 Ne7 8.0–0 0–0 9.Qe1**
**Nbc6 10.Qh4**（图40）

问题2：这步棋好不好？你还想到了哪一步棋？你认为在这个局面中哪一方占优？

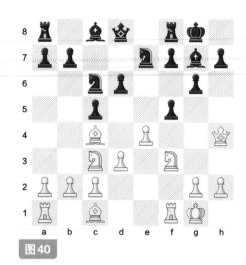

图40

**10...Qc7**

问题3：这步棋好不好？你还想到了哪一步棋？

**11.Bh6 Ne5 12.Ng5 N × c4**（图41）

问题4：这步棋好不好？你还想到了哪一步棋？

图41

**13.B × g7 K × g7**（图42）

问题5：白方接下来的连续进攻走法你想清楚了吗？

图42

14.Q×h7+ Kf6 15.Qh6 Rg8（图43）

图43

**16.e5+**

问题6：这步棋好不好？你还想到了哪一步棋？

**16...K×e5 17.Rae1+ Kf6 18.Nh7#**

白胜。

（11）卡米列里－拉克斯曼

弈于1996年

1.e4 e6 2.d4 d5 3.Nc3 d×e4 4.N×e4 Nd7 5.Nf3 Be7 6.Bd3 Ngf6 7.N×f6+ B×f6 8.Qe2 0–0 9.h4（图44）

问题1：这步棋好不好？你还想到了哪一步棋？

图44

**9...e5（图45）**

问题2：这步棋好不好？你还想到了哪一步棋？你认为在这个局面中哪一方占优？

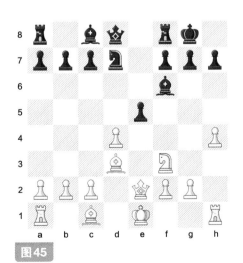

图45

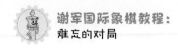

**10.B×h7+ K×h7 11.Ng5+ B×g5**（图46）

问题3：这步棋好不好？你还想到了哪一步棋？你认为在这个局面中哪一方占优？

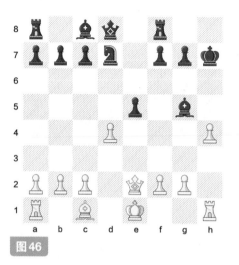

图46

**12.h×g5+ Kg6 13.Qh5+ Kf5**（图47）

问题4：你能为白方找到最佳的将杀方法吗？

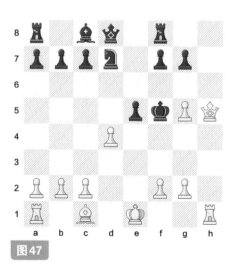

图47

**14.Qh3+ Kg6 15.Qh7#**

白胜。

**（12）舒福诺夫－马切亚**

弈于1996年

**1.e4 e5 2.Nf3 Nc6 3.Bb5 a6 4.Ba4 Nf6 5.0–0 b5 6.Bb3 Bb7 7.Re1 Bc5 8.c3 d6 9.d4 Bb6 10.Bg5**

10.a4（图48）。

问题1：对局中白方走的是出象到g5，10.a4这步棋好不好？你会选择哪一种走法？

图48

**10...h6 11.Bh4 g5**（图49）

问题2：这步棋好不好？你还想到了哪一步棋？你认为在这个局面中哪一方占优？

图49

**12.Bg3 0–0 13.d5 Ne7 14.Nbd2 Nh5**

**15.Nf1 Kh8 16.h4**（图50）

问题3：这步棋好不好？你还想到
了哪一步棋？你认为在这个局面中哪一
方占优？

图50

**16...g4 17.N3h2 f5**

问题4：你认为在这个局面中哪一
方占优？

**18.e×f5 N×f5 19.Kh1 Nf×g3+**

**20.f×g3**（图51）

问题5：这步棋好不好？你还想到
了哪一步棋？你能为黑方找到接下来的
进攻手段吗？

图51

**20...R×f1+**

黑胜。

问题6：为什么白方认输了？你能
把后面的几步棋走出来吗？

### （13）维若斯托克－雅各布

弈于1997年

**1.e4 c5 2.Nf3 e6 3.d4 c×d4 4.N×d4**

**Nf6 5.Nc3 d6 6.Bc4 Be7 7.Be3 Nc6**

**8.Qe2**（图52）

问题1：这步棋好不好？白方的目
的是什么？

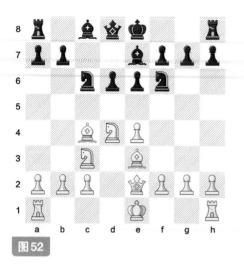

图52

8...a6 9.0-0-0 Qc7 10.Bb3 0-0

**11.Rhg1 Nd7 12.g4 Nc5 13.g5 b5**

**14.Bd5!?**（图53）

问题2：这步棋好不好？你还想到了哪一步棋？你认为在这个局面中哪一方占优？

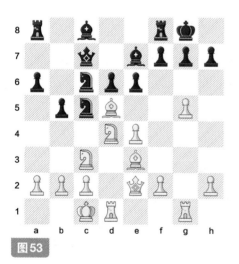

图53

**14...Bb7**

问题3：这步棋好不好？你认为在这个局面中哪一方占优？

**15.Nf5**（图54）

问题4：这步棋好不好？你还想到了哪一步棋？

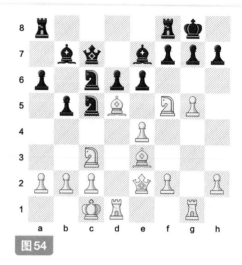

图54

**15...b4**

问题5：你认为在这个局面中哪一方占优？你能计算清楚黑方接受弃子之后的棋局变化吗？

**16.Qh5 Kh8 17.Rg3 e×f5**（图55）

问题6：你认为在这个局面中哪一方占优？白方下一步应该走什么？

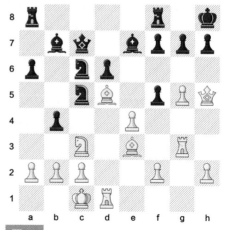

图55

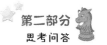

**18.g6 h6**

问题7：黑方如果采取18...f×g6（图56）的走法好不好？你还想到了哪一步棋？

图56

**19.B×h6 Kg8 20.g×f7+**

白胜。

问题8：黑方为什么认输了？

### （14）马西亚诺－普里

弈于1997年

**1.e4 d5 2.e×d5 Q×d5 3.Nc3 Qa5 4.Nf3 Nf6 5.d4 c6 6.Bc4 Bf5 7.Bd2 e6 8.Nd5 Qd8 9.N×f6+ Q×f6 10.Qe2**（图57）

问题1：这步棋好不好？你还想到了哪一步棋？你认为在这个局面中哪一方占优？

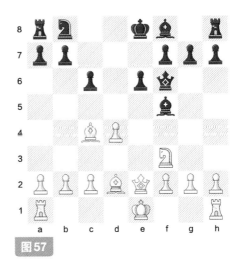

图57

**10...Bg4 11.d5**（图58）

问题2：这步棋好不好？你还想到了哪一步棋？

图58

**11...B×f3 12.g×f3 c×d5 13.B×d5 Nc6**

问题3：这步棋好不好？你还想到了哪一步棋？你认为在这个局面中哪一方占优？

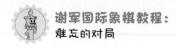

**14.B×c6+!? b×c6 15.Qe4**（图59）

问题4：这步棋好不好？你还想到了哪一步棋？你认为在这个局面中哪一方占优？

图59

**15...Rc8 16.0–0–0 Ba3 17.c3 Bc5**

**18.Rhg1 B×f2**

问题5：这步棋好不好？你还想到了哪一步棋？你认为在这个局面中哪一方占优？

**19.Bg5 Qg6**（图60）

问题6：你为白方找到精确将杀黑王的走法了吗？

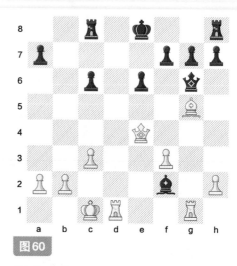

图60

**20.Q×c6+**

白胜。

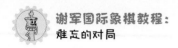
请参考以下样式设计记录纸，记录自战精彩对局。

比赛名称：_____  日期：_____年_____月_____日

白方□ 姓名_____  黑方■ 姓名_____

白方用时：_____  黑方用时：_____

对局分析：_____

| 回合 | 白方 | 黑方 | 回合 | 白方 | 黑方 | 回合 | 白方 | 黑方 |
|---|---|---|---|---|---|---|---|---|
| 1 | | | 21 | | | 41 | | |
| 2 | | | 22 | | | 42 | | |
| 3 | | | 23 | | | 43 | | |
| 4 | | | 24 | | | 44 | | |
| 5 | | | 25 | | | 45 | | |
| 6 | | | 26 | | | 46 | | |
| 7 | | | 27 | | | 47 | | |
| 8 | | | 28 | | | 48 | | |
| 9 | | | 29 | | | 49 | | |
| 10 | | | 30 | | | 50 | | |
| 11 | | | 31 | | | 51 | | |
| 12 | | | 32 | | | 52 | | |
| 13 | | | 33 | | | 53 | | |
| 14 | | | 34 | | | 54 | | |
| 15 | | | 35 | | | 55 | | |
| 16 | | | 36 | | | 56 | | |
| 17 | | | 37 | | | 57 | | |
| 18 | | | 38 | | | 58 | | |
| 19 | | | 39 | | | 59 | | |
| 20 | | | 40 | | | 60 | | |

教练批语：_____

轮次：_____ 台次：_____ 地点：_____ 结果：_____
开局：_____  开局编号_____

注：棋手可根据书中的记录纸样式设计自己的棋局记录纸。记住，记录纸当中一定要有双方棋手的姓名、
比赛日期和对局结果等关键基础信息。

# 答　案

扫码添加"阿育"为好友
回复关键词"62597"
获取"思考问答"参考答案